東大卒獣医が教える

馬券に役立つ

競馬科学

Science of horse racing

若原隆宏 著

ガイドワークス

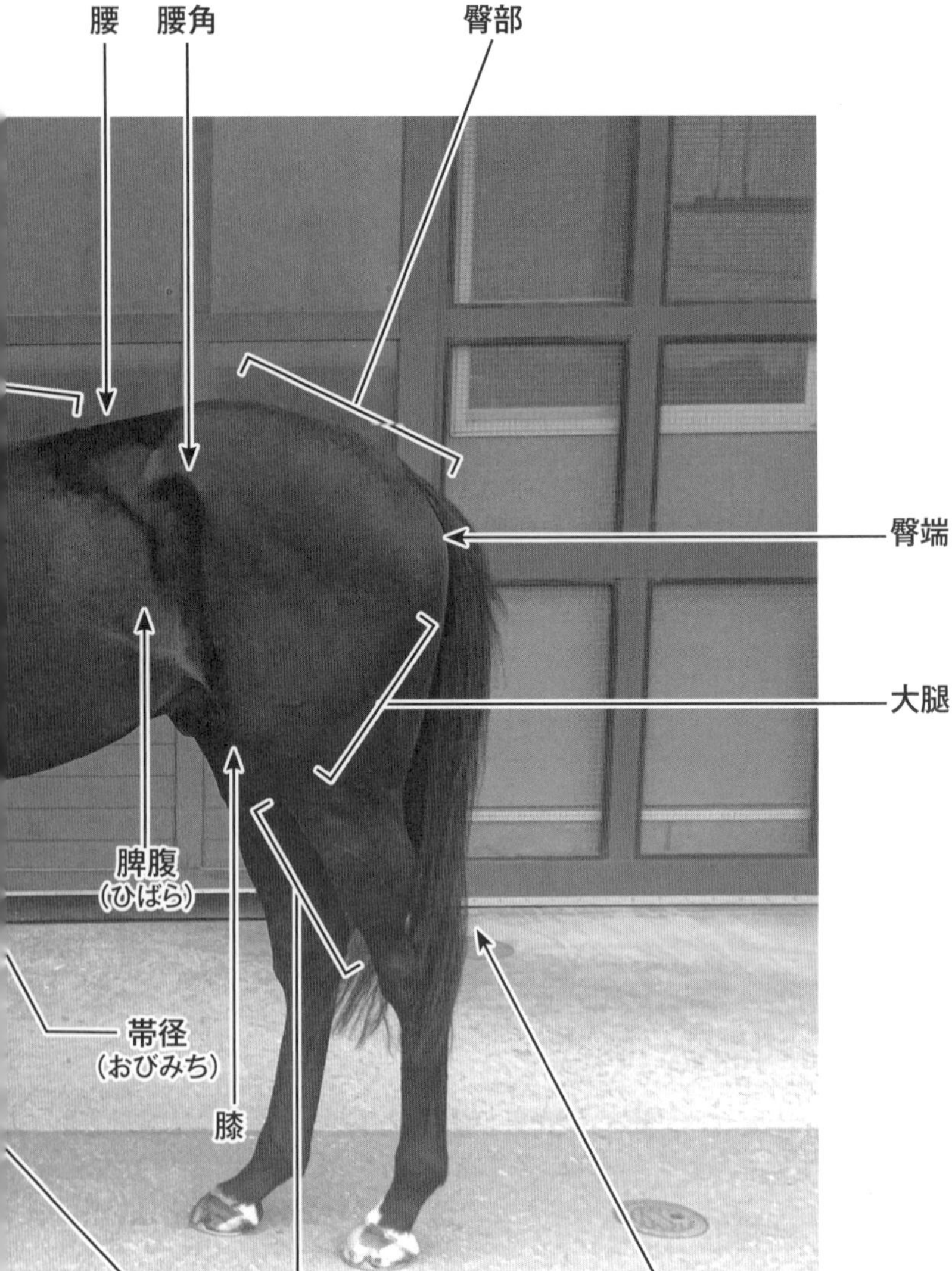
腰
腰角
臀部
臀端
大腿
膁腹
(ひばら)
帯径
(おびみち)
膝
球節
夜目
下腿
飛節
(人のかかとに相当)

馬体各部位の名称

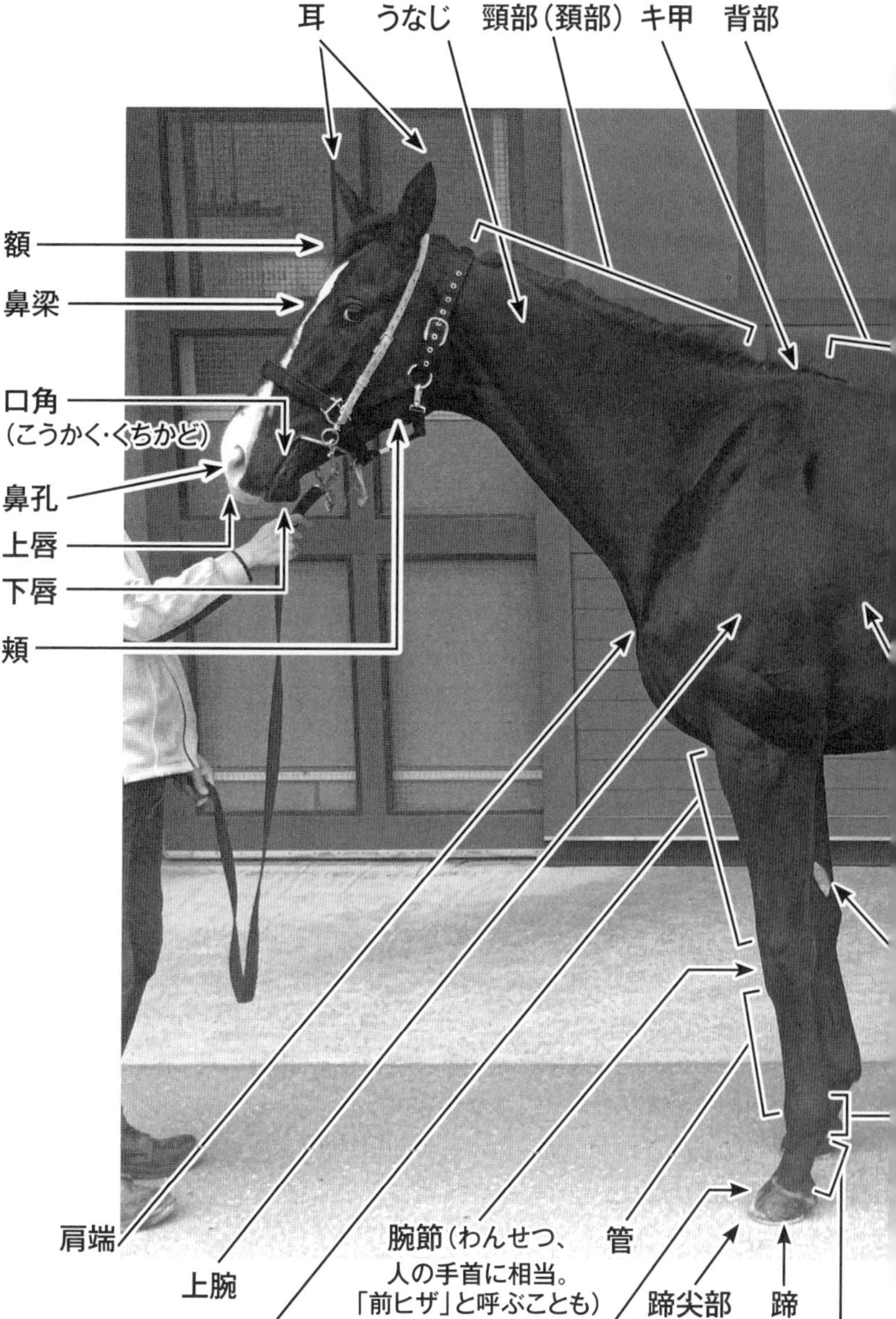
耳
うなじ
頸部（頚部）
キ甲
背部
額
鼻梁
口角
（こうかく・くちかど）
鼻孔
上唇
下唇
頬
肩端
上腕
腕節（わんせつ、
人の手首に相当。
「前ヒザ」と呼ぶことも）
管
前腕
（ぜんわん・前が橈側、後ろが尺側）
蹄尖部
蹄
蹄冠部
繋

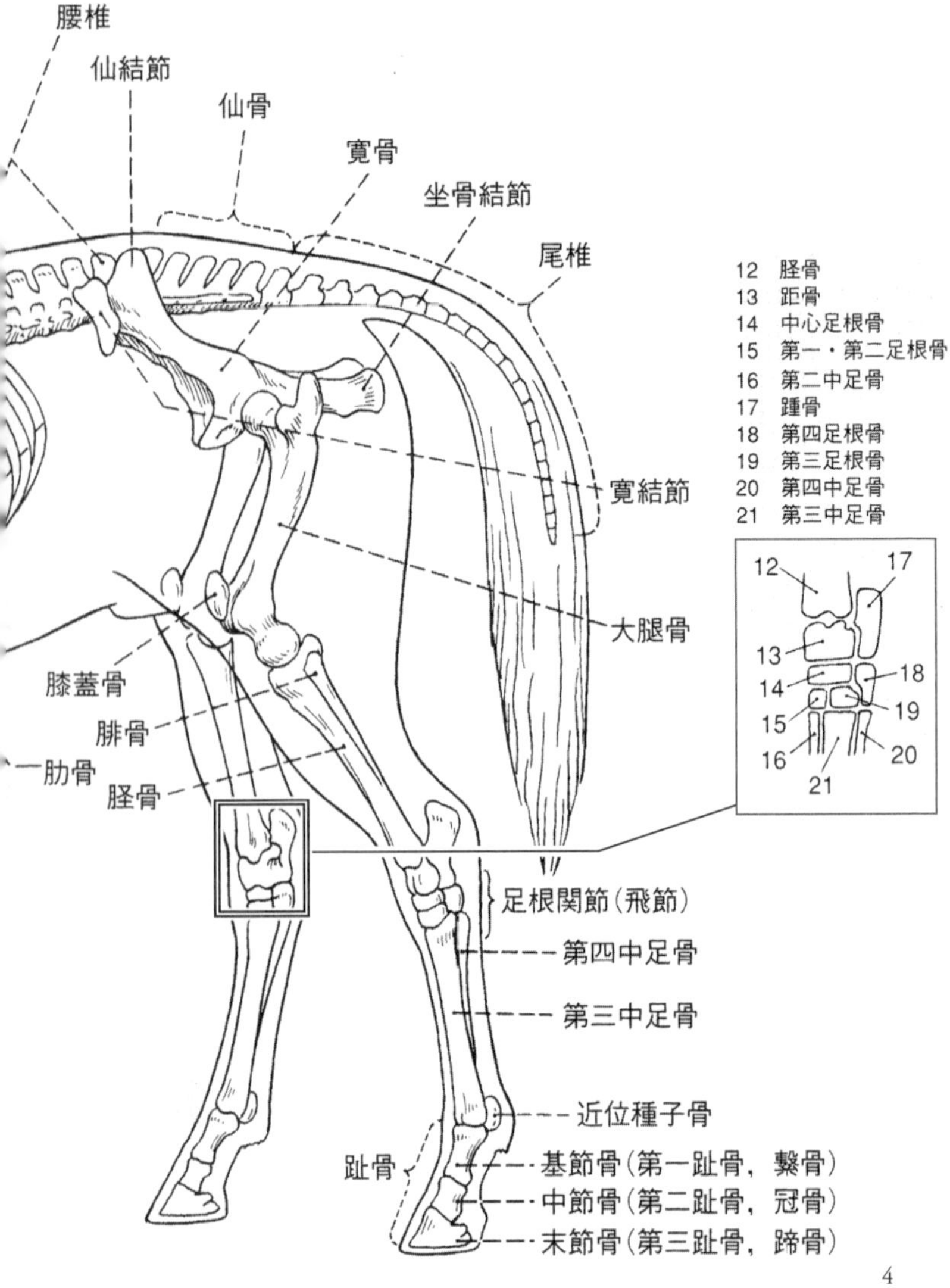
腰椎
仙結節
仙骨
寛骨
坐骨結節
尾椎
寛結節
大腿骨
膝蓋骨
腓骨
肋骨
脛骨
足根関節(飛節)
第四中足骨
第三中足骨
近位種子骨
趾骨
基節骨(第一趾骨, 繫骨)
中節骨(第二趾骨, 冠骨)
末節骨(第三趾骨, 蹄骨)
12 脛骨
13 距骨
14 中心足根骨
15 第一・第二足根骨
16 第二中足骨
17 踵骨
18 第四足根骨
19 第三足根骨
20 第四中足骨
21 第三中足骨
12
17
13
18
14
19
15
16
20
21

骨格各部位の名称

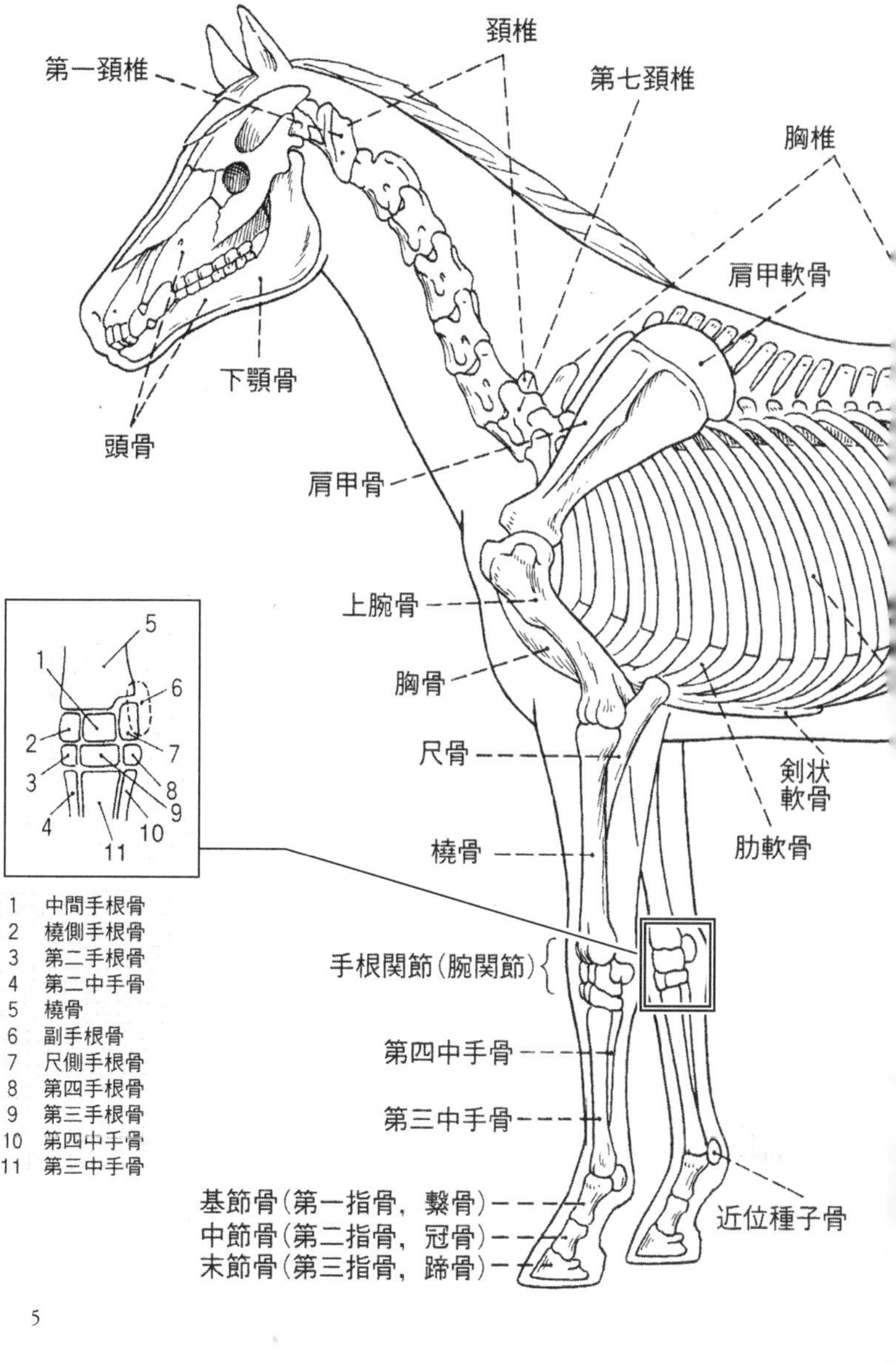

1　中間手根骨
2　橈側手根骨
3　第二手根骨
4　第二中手骨
5　橈骨
6　副手根骨
7　尺側手根骨
8　第四手根骨
9　第三手根骨
10　第四中手骨
11　第三中手骨

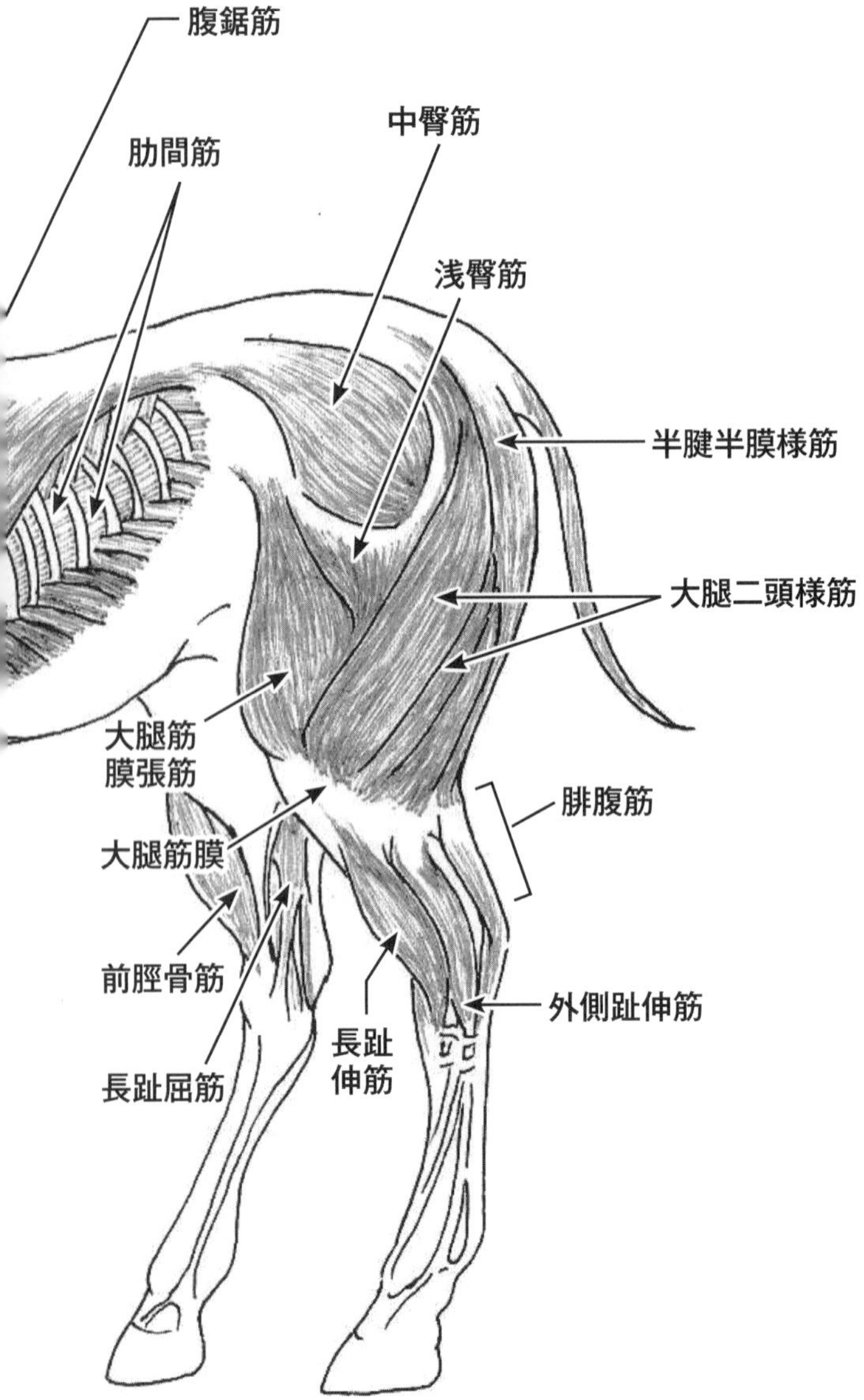

腹鋸筋
中臀筋
肋間筋
浅臀筋
半腱半膜様筋
大腿二頭様筋
大腿筋
膜張筋
腓腹筋
大腿筋膜
前脛骨筋
外側趾伸筋
長趾
伸筋
長趾屈筋

筋解剖図各部位の名称

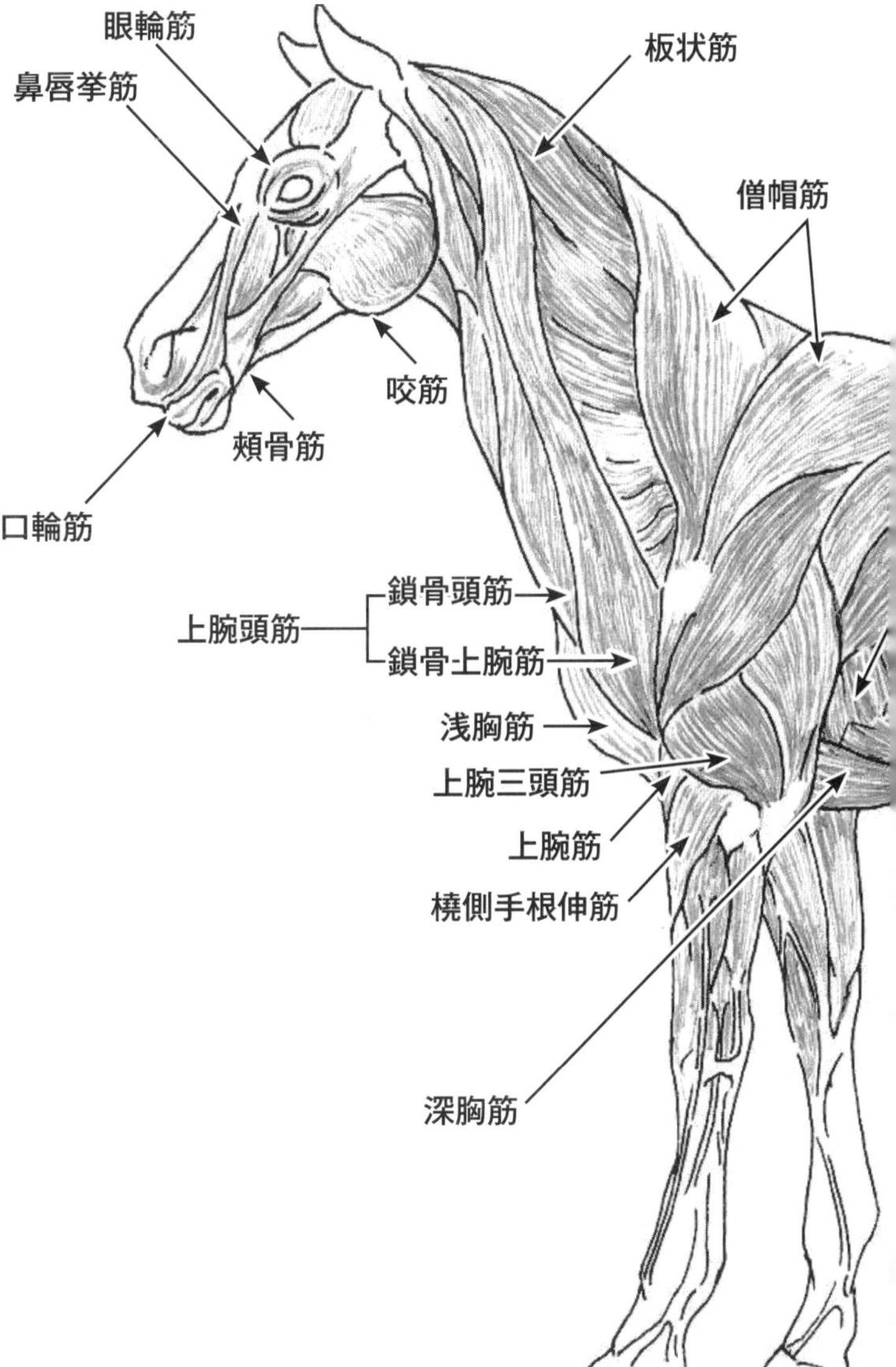

眼輪筋
鼻唇挙筋
板状筋
僧帽筋
咬筋
頬骨筋
口輪筋
上腕頭筋
鎖骨頭筋
鎖骨上腕筋
浅胸筋
上腕三頭筋
上腕筋
橈側手根伸筋
深胸筋

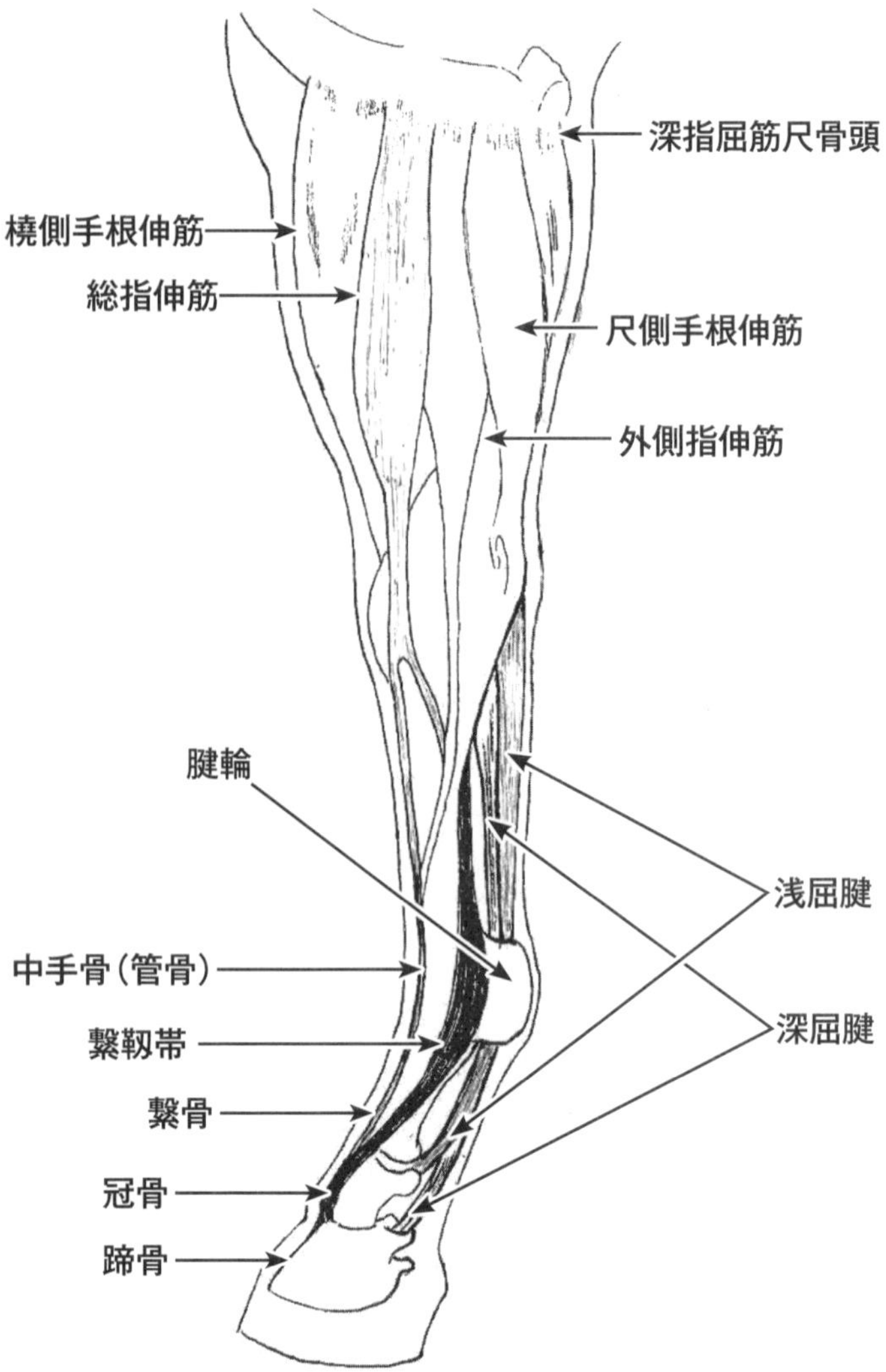

※繋靱帯の末梢側（本来は背側にあって種子骨に終止）は、浅屈腱、深屈腱の終止部の位置関係を見やすくするために引き出している。

はじめに

２０１４年10月、ハープスターらの凱旋門賞着外に肩を落とし、憂さ晴らしに入ったパリのＰＭＵカフェは熱気に包まれていた。時差でまだ夕方のアルゼンチン競馬に怒声が飛ぶ。酔客たちはビールやワインを片手に専門紙に首引き。それぞれ真剣に次の競走を予想していた。写真判定となれば「勝ったのは10だ」「いいや16だ」、日本語に直せば聞きなじみのあるフランス語が飛び交う。馬券を買うファンはどこの世界でも、真剣に、似たようなことを考えていた。

「馬券は努力の対象」だと思う。いや馬券だけではない。日本における勝負事系の娯楽はあまねく努力の対象だ。パチンコ・パチスロは打ち出しの調整や目押しの精度は言うに及ばず、遊技履歴を適切に統計処理できるかどうかで台選びや店選びの巧拙を分ける。麻雀は、牌効率の知識や他家の手出し・ツモ切りの観察、そこからもう一歩踏み込んだヤマ読みといった、技術が打ち手の強さを支える。公営競技は競馬以外でも予想用出走表は洗練され、コンパクトに情報が詰め込まれる。

専門紙は事細かに選手のコメントをファンに伝えてくれるし、そこからファンは選手の心理を考える。ボートレースでは、モーターなどの仕上がり具合を見極めるため、競走間に選手が見せる試走を熱心に見つめるファンも多い。

競馬は時に人生に例えられる。ならば、本来、人生を表した含蓄ある成句も競馬に適用できるのではないか。最近、そんなことを考えた。ぴったりなものがすぐに浮かんだ。

「夢」＋「努力」＝「現実」

40年来、ラジオパーソナリティとして人気を博し続け、2024年3月末をもってマイクオフ（引退）した小森まなみさんの説いた「夢の方程式」。よく見ると、科学者が扱う意味における方程式としてよく機能している。「努力」項にゼロを代入すると「夢」＝「現実」。叶ったわけでもない空虚な夢と現実が一致する。「夢」項にゼロを代入すると「努力」＝「現実」。目標のない努力のみでは、空回りの現実だ。彼女は常々、「努力すれば叶う」といった単純なものではないと説いていた。要求される「努力」項の大きさ、性質は、当然「夢」項の性質でも変わる。

毎週末、私たちが手にする出走表は、ある種の「夢」だ。血統、調教分析、実馬の観察、騎手・陣営の心理読み、あるいはケントク買い。馬券検討にはいろんな切り口があっていい。それぞれ、合理性の程度に差はあれど、それぞれのファンの「努力」が馬券に投影され、入線、検量を経て、結果が「現実」として返ってくる。

だから馬券は、ファン同士の努力のぶつかり合いであるべきだ。正直なところ、私はその闘いに普遍的に強いとはとても言えない。個人的な収支は年間くらいのスパンであればおおむね浮きだが、買う競走をかなり絞るのと、極端な投資額制御でなんとかしのいでいる。ネット原稿も含め、全競走で予想を書いて口に糊している立場としては胸を張れるものではない。

それでも、私が思うところの「合理的な努力の形」を書き続けているのは、「馬券は努力の対象」と思ってくれるファンが1人でも増えてほしいからだ。ギャンブル依存症対策が叫ばれる世の中で、競馬ファンが肩身の狭い思いをせずに馬たちの営みを買い支えるには、胸を張れるだけの理屈が必要だ。好きなものを単に「好き」とだけ言い切って通すには、相当な精神の強さがいる。当たり馬券の見返りは第一にもちろん配当金だが、「自らの努力の結果、自分は見通せた」と、腹の底から発する「はい、できた」の一言が与えてくれるつかの間の全能感は、買っているレートに寄らない。

自分で考え、買うからこそ、馬券は面白いはずなのだ。

だからその努力は、なるべく合理性の高い方法を選びたい。馬券とは無縁の社会に向かって胸を張れる努力でありたい。科学の応用は、その意味に合致したひとつの解だと信じる。

本書は、中日スポーツ・東京中日スポーツで2010年からほぼ週1本書き続けているコラム、「競馬は科学だ」（連載開始当初は「馬学カルテ」）からトピックを選んで加筆修正した。文系就職したペーパー獣医師に、最新の知見を教えてくれる獣医師の諸先生方、日々の取材で、この頭でっかちに職人としての矜持や現場の実感覚を教えてくれる厩舎人のみなさん、ありがとうございます。

編集にご尽力いただいた親友藤沼浩一氏、いつも優しい妻、日本プロ麻雀協会・櫻井はるかと、いつも元気に父親の本命馬を応援してくれる2人の子どもたちに感謝したい。

２０２４年5月、小森まなみ「Believe」を聞きながら。

CONTENTS

第1章

〝科学的に正しい〟データ馬券

古くからある競馬予想の切り口の中で、最も〝科学っぽい〟表情をしているもののひとつに「データ馬券」が挙げられるだろう。同じ条件の競走について過去数年の結果を振り返り、さまざまな側面からデータ整理して、傾向をつかむ。これから買おうとしている競走についてもあてはまるという前提で買うべき馬券を絞っていく。確かに一定の合理性に依拠した検討の仕方ではある。

しかしながら、データ整理の方法と、あぶり出されたとする「傾向」の妥当性の評価に、きちんと統計学を応用しているケースはほとんどみられなかった。

〝科学っぽい〟顔をしているだけに、ときには統計学的にはでたらめなデータの扱い方で、とんでもない穴馬券について一定の説得力を持たせてしまうこともある。当然、そうしたケースにはしっかりとした裏付け、根拠があるとは言い難いから注意が必要だ。

遊びと割り切って手を出す分には止めはしないし、楽しみの1つにもなるケースもあるには違いないが、統計学的にでたらめなデータ馬券の推奨のほとんどは、それを信じて馬券を紙くずにしてしまうファンにとっては害悪以外の何物でもないだろう。自衛のためには、データの扱い方が統計学的に正しいのか自ら判断できる基礎知識が必要だ。

◉統計処理は何を知ろうとしているのか？

いわゆるデータ馬券における統計処理が、科学的に有効なものであるかどうかを判断するために、まず注意せねばならないことは「統計処理が、それによって何を知ろうとしているのか？」という視点だろう。統計学は、なにがしかの真実に迫ろうとする手段の1つだ。

例えば血統。ある種牡馬について、産駒の距離適性について知りたいと考えた時、距離別の成績を調べて着順などの数値についてまとめるだろう。例えば表1およびグラフ1は、ヘニーヒューズ産駒のダートに限った距離別成績をまとめたものだ。

従来的な「データ検討」の手法では、こうした統計から、ヘニーヒューズ産駒の距離適性について、「おおむね1800mまでが守備範囲で、1900m以降に距離の壁がある」と結論づける。

統計学を正しく運用する立場からすると、グラフ1で1900m以上の項だけ明らかにへこんでいるという視覚的印象だけで、こうした結論を導いてしまうこともすでに危うい。一定の手順を踏んで、1800m以下のグループと1900m以上のグループに「有意差」、読んで字のごとく「統計学的に、意味が有ると認められる差」があるのか計算しなければならないのだが、ひとまずここではそのあたりの事情には目をつぶろう。ここで考えてみてほしいのは、この「統計調査から迫ることのできる科学的事実」とは何か？ ということだ。

【表1】ヘニーヒューズ産駒のダート距離別入着率

距離	1着	2着	3着	着外	入着率 単	入着率 連	入着率 複
1000～1200	177(頭)	158	140	1112	11.2%	21.1%	29.9%
1300～1400	144	117	99	954	11.0%	19.9%	27.4%
1600～1800	176	209	178	1246	9.7%	21.3%	31.1%
1900～	13	6	7	105	9.9%	14.5%	19.8%

【注】統計対象は2024年2月16日現在

【グラフ1】ヘニーヒューズ産駒のダート距離別入着率

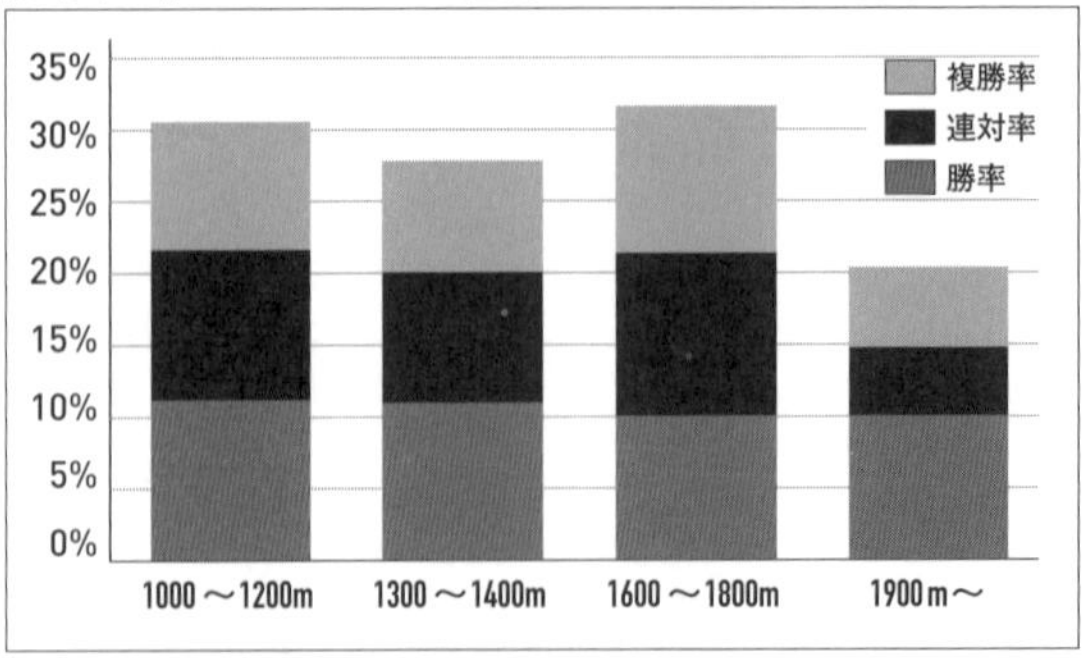

何を簡単なことを。ヘニーヒューズ産駒の距離適性だろう。という答えは、間違ってはいないが、本質ではない。ヘニーヒューズ産駒に間違いなく共通しているのは、ヘニーヒューズの遺伝子の半分を受け継いでいることだ。産駒のさまざまな遺伝子のうち、距離適性に影響を及ぼすものは、速筋線維と遅筋線維の割合に関与する遺伝子、胸郭の広さに影響する体型に関与する遺伝子、気性傾向に影響する遺伝子など多岐にわたる。それらを総合的に見た、ヘニーヒューズの遺伝子の傾向として表出してくる結果としての距離に関する傾向だ。

同じことをまどろっこしく言い換えているように思われるかもしれないが、「距離適性」と一口に言っても、背景にはさまざまな遺伝子と、そこから生成されるタンパク質が複雑に絡み合っている。具体的なシステムとして、何種類かの遺伝子が影響して（筋組成かもしれないし、気性要因かもしれない）距離に壁を作っているわけだ。統計学的に処理して意味があるのは、背景にそうした具体的、かつ合理的な仕組みがある。

統計学的手法の非常に強いところは、ひとまずそうした背景にある具体的なシステムを特定しなくても、結果として導かれる生物の傾向について、一定の知見を与えてくれるところだ。

例えばヘニーヒューズ産駒の距離別成績統計からは、ヘニーヒューズのどの遺伝子がどう影響しているかは分からないが、とにかくなにがしかの遺伝的要因があって、産駒の距離適性について「1800mあたりから先に壁がある」という知見が導かれる。そして、ここからが科学の文脈では実は重要なのだが、次の興味として「どの遺伝子が、どう影響して、こうした距離の壁が生じるのか？」というテーマが生じる。

統計処理によって科学的に正当に導かれる知見には、必ず背景に、突き止められるべき、科学的に正当なシナリオ（仮説）が控えている。これが存在しない、少なくとも想起することすら難しいケースでは、統計処理自体が意味を持たない。なぜなら、その統計によって得られた結果を支えているはずの「科学的事実」が存在しないからだ。

ここで言わんとすることは、結論を支えるべき「科学的事実」が想起できないケースを具体的にみればより分かりやすいだろう。

【表2】福島牝馬Sの前走人気順別成績

前走人気順	1着	2着	3着	着外	入着率		
					単	連	複
1番人気	1	2	1	13	5.9%	17.6%	23.5%
2番人気	2	3	2	20	7.4%	18.5%	25.9%
3番人気	1	0	2	14	5.9%	5.9%	17.6%
4番人気	0	3	1	23	0.0%	11.1%	14.8%
5番人気	1	4	1	22	3.6%	17.9%	21.4%
6～9番人気	6	6	8	63	7.2%	14.5%	24.1%
10番人気～	8	2	6	91	7.5%	9.3%	15.0%

【注】データは2004～2023年。

【グラフ2】福島牝馬Sの前走人気順別成績

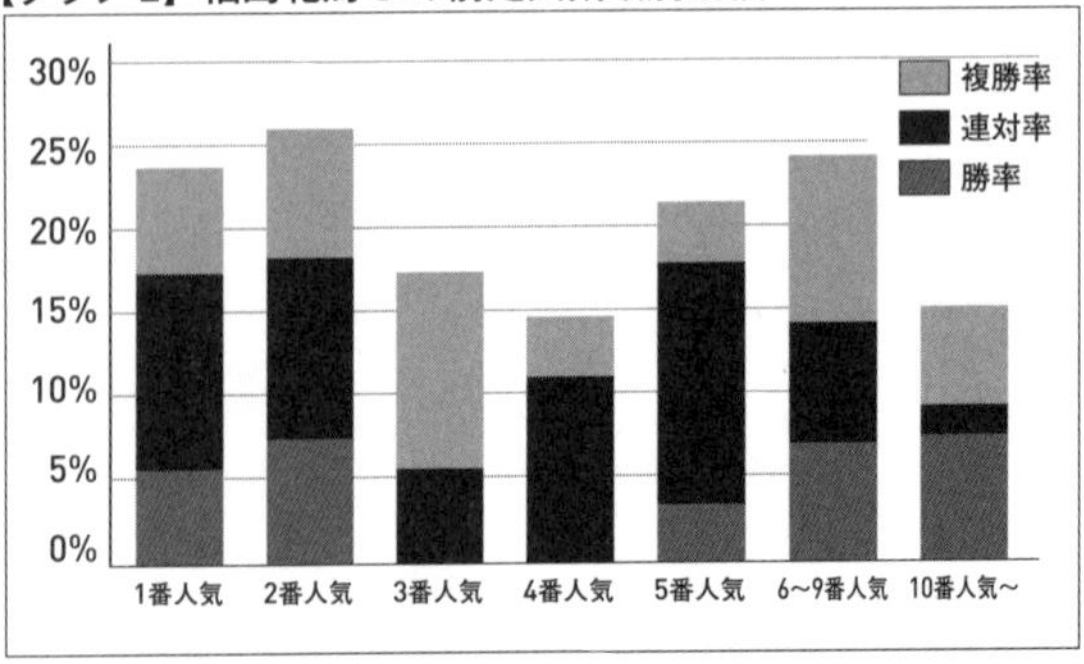

表2および**グラフ2**は、福島牝馬Sがカブトヤマ記念から条件を切り替えられて名称とともに牝馬限定戦となった2004年以降についての統計。「前走人気順」の切り口で、今走の入着度数、入着率をまとめたものだ。

前走で2番人気までに推されていた馬が25％程度の複勝率をマークしている一方で、前走3、4番人気のグループが少しへこみ、5～9番人気の馬が、前走1、2番人気のグループに迫るレベルの入着率を示している。前走10番人気以下のグループも入着率では振るわないが、単勝回収率が115%をマークしている。ここでも、これらのグループ間に有意差が認められるのか統計学的な検証はしていないが、この項の主眼はそこではないのでひとまず脇に置こう。

従来の「データ馬券」の文脈では、〝当てにいく〟姿勢としては5～9番人気のグループを重視して検討する指針や、回収率の視点からは10番人気以下の馬をアタマに据えた超絶穴馬券を積極的に組み立てる指針が導かれるだろう。

しかしである。仮にこれらの統計量に統計的な有意差が認められたとしても、背景にどんな事情が想起できるだろうか？　前走の人気順が上位のグループについては、どこかで分かりやすく「この馬は強い」という材料が提示されていたと考えられるので「この馬は強いという集合知がそのまま反映されやすい競走条件なのだろう」というシナリオも考えられる。しかし、前走で人気薄だった馬が、今走で急に激走するという現象に、それだけをして何か深い背景が考えられるだろうか？

ひょっとしたら、福島牝馬Sに出走してくる馬の多くが2走前に使う競走では、個々の馬が地力を結果に反映しづらい条件設定（コースがトリッキーで紛れやすいなど）があって、強い馬がその能力を結果に結びつけにくく、前走において不当に人気を落としている、というような事情があるのかもしれない。

しかし、それは2走前にどこを使っているかというところまで紐付けした調査でなければ分からないことであって、単に「前走人気順」だけを切り口にとった統計からは何も分からない。「前走で人気薄だったグループが好走している」というようなデータの切り口は、遊びとしては面白いかもしれないが、まさに言葉遊びの域を出ず、統計学を応用して有効なデータを引き出したということには、到底ならない。

統計学を応用して有効な馬券戦略を組み立てるためには、「その統計で明らかにしようとする事実には、それを成立させうる科学的な背景や合理的なシナリオが存在するか?」というところをしっかり考える必要がある。これを欠いた統計処理は、どう逆立ちしても数字遊び、言葉遊びの域を出ない。

◉理由探しを〝棚上げ〟できるのも統計学

統計学の最大の強みの1つは、数字遊びにも見えてしまう処理の方法で、真実の一端を明らかにできるところだ。すなわち、深い理由探しを棚上げしたままでも、具体的に得られた「傾向」について、根拠を与えられる。

一見、前項で述べたことと矛盾しているかにも思える言説だが、多くの場合、「背景に考えられる事情が複雑すぎて、理由が1つに決められない」といったケースを深く考察する最初の段階として、事実としてなにがしかの傾向があることを示すという手順に統計学は応用できる。

馬券検討の文脈では端的な例として、特定のローテーションが著しく不振を極めているようなケースが挙げられる。例えば日本ダービーにおける青葉賞のジンクスがある。

東京優駿（日本ダービー）における「青葉賞組の未勝利」は、ローテ分析の切り口における最も有名なジンクスだろう。青葉賞が「日本ダービー指定オープン」となった1984年以降、2023年までここから直接ダービーへ駒を進めた優駿は116頭。うち8頭が「ダービー2着馬」にはなったが、勝ち馬は出ていない。

理由はいろいろ言われるが、個々の事情が複雑すぎて検証は難しい。一方で、統計学は「どれくらい深い理由がありそうか？」ということには数値的な答えを返してくれる。

以下、おそらく青葉賞組と似た理由で勝ち馬を輩出していないプリンシパルS組と合わせて「TR（トライアル）組」として考える。TR組は、他路線の出走馬と比べ、平均してどれくらい勝利確率が小さいものなのだろうか。その割合をひとまず「X（0≦X≦1）」と置こう。これを前提に一連の「TR組未勝利」が「偶然に」起こる確率P(X)を考える。これが十分に小さい値のうちは「X」の評価が甘いということになる。逆に「まあ、これなら偶然でも起こるか」というレベルまで大きくなったところをとらえれば、おおむねXの上限が分かる。P（X）が「十分小さいか？」という線引きは、自然科学の慣習として「P＜0・05」がよく使われる。

統計対象は青葉賞がGⅡ昇格した2001年以降。かなり古い時代も含めると、詰めて使うのが当たり前だったたりして事情が変わりそうだと判断した。

X＝1、すなわち「TR組は他路線組と実は対等。勝っていないのは偶然」という場合で、実際勝ち馬が出ないことが起こる確率はP（X）＝0・32％。ジンクスはやはり偶然でない。

逆に小さい方に振り切ってX＝0・05の場合ではP（X）＝71・72％。実はこれくらいの理由があるという可能性も否定はできないが、妥当なXの範囲を知るために、どれくらいまでなら大きくできるか計算してみよう。0・05刻みで動かしていくとX＝0・45でP（X）＝6・1％、X＝0・5でP（X）＝4・58％。このあたりで、標準的に設定した信頼区間（P＜0・05）に収まった。

TR組は他路線組に比べて勝利確率が「半分未満」というハンデを背負っているということがわかる。強固なジンクスと言われるが、直感と比べて大きいだろうか？　小さいだろうか？

◉「統計的に正しいデータ馬券」の考え方

青葉賞のジンクスを題材に、このジンクスがどれくらい強固なものなのかを数学的に検討した。より一般化して、データ馬券を検討する時に、「統計学的に正しい処理」をするためには、どのような考え方をすればよいだろうか。

大学の統計学の教科書を開いてみると、大抵は平均値や中央値といったデータの基本的な整理の仕方の概説から入って、正規分布の扱い方や性質、これに関連したガウス積分という有名な積分計算を解説してあり、中心極限定理という数学的に非常に美しい定理を導く流れをたどる。これはこれで数学的には面白いのだが、「最低限の数学の知識で実践的に統計を使いたい」という要望にはあまり応えてくれない。

統計学ではなにがしかの知見を導くとき、ほとんどは2つのデータの間に「有意差がある」ということを計算して示す。統計学の教科書には、この「有意差」を検討するためのさまざまな「検定法」が紹介されているが、自分が取ったデータを検討する時に、どの検定法を使えばいいのか？　というのは、多くの理系学部生が直面する大いなる悩みの1つだろう。

一方で、検定法が定まってしまえば、多くはエクセルが計算してくれる。例えば所属研究室の先輩や指導教官が進行中の仕事の一端を担うようなケースでは、使う検定法については既報をなぞればよくて、具体的な計算もエクセル任せ。結局、自分がどんな計算をしているのか立ち入ったところは分からないまま卒論が完成してしまうというケースも少なくないだろう。これでは「検定」というのが、具体的に何をしているのか分からないままになってしまう。

背景研究のない「データ馬券」というフィールドに、正しく統計学を応用するには、最低限、統計検定が何をしているのかというところの理解が必要不可欠だ。

難しそうと思われるかもしれないが、実はそんなに複雑なことをしているわけではない。基本的な考え方は非常にシンプル。例えば、パチスロの設定判別のようなフィールドでも、無意識に使っているロジックに立脚している。

パチスロの例になぞるのが分かりやすいだろう。6号機の人気機種「新ハナビ」は設定が1256の4段階。ビッグボーナス中の抽選で風鈴絵柄がそろわず10枚払い出しのある「バラケ目」の出現は設定1〜5では確率が1／16384となっているのに対し、設定6では1／655・4。さて今、自分の打っている新ハナビのビッグボーナス中に「バラケ目」が出現した。この現象をして、多くのパチスロファンは「この台は設定6だ」と喜ぶ。

実はこれこそ、「統計学的に正しい判断」のロジックそのものだ。目の前になにがしかのデータ（新ハナビの例では「ビッグボーナス中にバラケ目が出現したという事実」）を得た時、分からない事実について一定の仮定を置いて、目の前のデータが得られる確率を計算する。その確率が一定の水準より小さい時「そんなまれなことは起こらないだろう」と考えて、前提とした仮説を「きっと間違っている」（統計学上の用語では「棄却する」と言う）と、判断する。

新ハナビでは、打っている台が設定1〜5だった場合、ビッグボーナス中にバラケ目が出現することは非常にまれだ。どれくらいのゲーム数、ビッグボーナスを消化したかにもよるものの、1日のスパンで得られるデータ量で、現実的に出現しうるだけの水準に到達することは非常に少ない。設定1~5の新ハナビで20回ビッグボーナスを消化した段階で、1回以上のバラケ目を引き当てる確率は3・478%にとどまる。(パチスロファンの数字感覚に照らすと、この数字は一般に思われているより大きいかもしれない。しかし、統計検定するにあたっては十分に小さい)。

したがって、ビッグボーナス中のバラケ目出現を含む新ハナビのプレイデータを統計学的に処理すると「その台は設定1~5であるという仮説を棄却できる」ということになる。すなわち、その台は設定6であるということが根拠をもって推定できるわけだ。

データ馬券の検討においても、同じ事を考えればよい。青葉賞のデータ解析では最初に「トライアル組の勝利確率が、ほかの路線の馬と等確率」という仮説(統計学の言葉ではこれを「帰無仮説」と呼ぶ)を置いて、ここまでトライアル組が未勝利で継続するという生データが導き出される確率を求めた。

今回は別のジンクスを扱ってみよう。フェブラリーSにおける「今回初ダートの馬の未勝利」も、青葉賞組のジンクスと並んで、有名なジンクスだろう。

帰無仮説は「今回初ダートという馬の勝利確率は、その他の馬と同等」という設定だ。フェブラリーSがGIに昇格した1997年以降、2024年まで、フェブラリーSが「キャリア

**【表3】フェブラリーSを
キャリア初ダートで走った馬**

年度	馬名	着順	人気順
2024	ガイアフォース	2	5
	シャンパンカラー	16	14
2017	デニムアンドルビー	16	12
2013	ガルボ	11	11
	カレンブラックヒル	15	1
2012	グランプリボス	12	6
	スマイルジャック	14	14
2010	ローレルゲレイロ	7	8
	リーチザクラウン	10	4
	レッドスパーダ	12	3
	スーパーホーネット	15	9
2008	ヴィクトリー	15	8
2007	オレハマッテルゼ	16	10
2001	トゥザヴィクトリー	3	4
2000	シンボリインディ	9	5
	キングヘイロー	13	1
1999	ビッグサンデー	9	10
1998	ブレーブデンダー	11	9
	イナズマタカオー	16	15
1997	マイネルブリッジ	12	9

1997～2024年。出走頭数はすべて16頭

初のダート」という馬は**表3**の20頭。

これらがすでにダート戦を経験している馬と勝つ確率が等しかったという前提で、すべてが勝ち馬になれないということがたまたま起こる確率（統計学の言葉では「検定p値」と呼ぶ）を計算すると約26・11%になる。かなり高い精度の実験評価が要求される物理の領域は別にして、生物学や社会学では「検定p値」について「5%」を「十分に小さい」と評価する基準（統計学の言葉では「有意水準」と呼ぶ）に置くことが多い。26・11%はこれよりかなり大きいので、帰無仮説としておいた「キャリア初ダートの馬は、その他の馬と、フェブラリーSにおいて勝利する確率が等しい」という前提を棄却することができなかった。

ここで注意しなければならないのは、帰無仮説を棄却できなかったからといって、当初示したかった「キャリア初ダートの馬はフェブラリーSで不利」という命題も否定されることにはならないということだ。ましてや、「キャリア初ダートの馬がフェブラリーSでは不利にならな

い」ということを言うこともできない。単に、「キャリア初ダートであることがフェブラリーSで勝つために影響するかどうかは分からない」としか言えない。

ここで見たように、「フェブラリーSのキャリア初ダート未勝利」くらいの有名なジンクスですら、実際に統計処理してみると、科学的な裏付けがあるデータとは言えないことが分かる。「ジンクスは破られるためにある」としばしば言われるのは、往々にして、科学的な裏付けとしては不十分なデータの段階から、人間がそれを「強いジンクス」と誤認してしまうということを反映している。

中には青葉賞のジンクスのように、実際計算してみたら統計学的な裏付け十分というジンクスもあるが、有名なジンクスの中には、統計学的な裏付けがあるとは言えないものも多いはずだ。強いジンクスと思われていればいるほど、多くのファンはジンクス破りの目を買うことを避けるだろう。実は統計的な裏付けがなく、有名なジンクスが見つかれば、むしろそこではジンクス破りに逆張りすることが、有効な馬券戦略になりえるだろう。

◉ケントク買いを定点観察する。「七夕賞」の投票動向分析

いわゆる「データ馬券」とは少々趣は異なるが、「過剰投票を避け、不当な人気薄を狙う」と

いう馬券戦略において、年に1度だけだが明確なトピックがある。

七夕賞の枠連7-7は買ってはいけない。

もし、それぞれの見地から普段通りに馬券検討した結果、枠連7-7に相当する目を買うべきだという結論が出たのであれば、馬連で資金配分すればよい。

誕生日や時事に絡めた語呂合わせなどで買い目を決め、「どの馬が勝つか」という馬や騎手、陣営の動向を無視した馬券の買い方がある。いわゆる「ケントク買い」だ。時事にからめたケントク買いがはまった有名な例はいろいろあるが、例えば9・11米国同時多発テロのあった2001年の有馬記念は有名だろう。事件の主な舞台となったのはニューヨークのマンハッタン。Gブッシュ米大統領が、急激に支持率を高め、米国は「テロとの戦い」へ突入していった。有馬記念を勝ったのはマンハッタンカフェ、2着がアメリカンボスというわけだ。

ケントク買いをするファンが参照する誕生日や時事は通常一定しないので、世の中にケントク買いで投じられた票がどれだけあるのか、把握するのは一般に難しい。ところが、七夕賞だけは毎年、枠連7-7が過剰に売れる。ほかにも個人的な誕生日の絡みや、そのときの時事に絡めたケントク買いの投票がある可能性ももちろんあるのだが、「七夕賞だから7-7」というのは、毎年同じ動機でケントク買いが行われるから、その量的動向を毎年定点観測できる、たぐいまれな例だ。

【表4】七夕賞枠連7—7への過剰投票の歴史

年	枠連7-7オッズ	同組馬連	シェア比	枠連への過剰投票額
92	14.8(倍)	18.2(倍)	123.3%	1347万円
93	121.9	331.5	272.0%	495万円
94	32.5	50.1	154.2%	705万円
95	12.6	19.3	153.4%	1507万円
96	12.7	*21.3	167.9%	1930万円
97	9頭立てで枠連7-7はなし			
98	47.3	114.4	241.9%	470万円
99	72.8	190.4	261.7%	292万円
00	74.3	118.5	159.4%	196万円
01	91.3	292.7	320.7%	303万円
02	24.5	60.1	245.4%	884万円
03	17.2	26.6	154.7%	393万円
04	27.2	37.5	137.8%	143万円
05	15	25.3	169.5%	285万円
06	36.4	85.0	233.5%	225万円
07	52	181.4	349.0%	202万円
08	24	40.4	168.6%	1329万円
09	10.8	12.6	117.0%	179万円
10	48.9	150.5	307.7%	168万円
11	140.8	863.0	612.9%	73万円
12	66.2	283.8	429.0%	131万円
13	26.5	98.6	371.9%	301万円
14	101.4	427.8	396.2%	85万円
15	102.8	438.5	426.3%	90万円
16	79.8	236.6	296.3%	125万円
17	45.5	165.8	363.8%	147万円
18	36.1	98.5	272.4%	159万円
19	23.2	53.1	228.8%	424万円
20	43.7	92.2	210.7%	155万円
21	52.1	149.7	287.1%	196万円
22	77.3	381.5	493.3%	145万円
23	27.4	69.2	252.4%	285万円

七夕賞における枠連7－7と、同じ意味の馬連について、投票動向を分析したのが**表4**だ。

いわゆるバブル期とバブル崩壊直後あたりの過剰投票額など平気で1000万円を超えているところもあり、現代的視点からするとクラクラするが、その後、おおよそ100～200万円が中心になっているところをみると、おそらくJRA－VANなどのデータサービスが充実したことで、オッズのリアルタイム配信など、ファンに情報がきめ細やかに行き渡るようになった環境的な要因も大きいのだろうと思われる。

その定点観測で、2020年、興味深いデータが得られた。当時はコロナ禍のまっただ中。無観客開催かつ、全国的に場外発売所が閉まっていた。「ケントク買いは電投・ネット投票されるのか」が観察、分析できたのだ。

同年の七夕賞の枠連7－7は43・7倍で投票シェア1・77％。対して、同じ意味の馬連13－14は92・2倍、同0・84％。それぞれのポッドにおけるシェアで比べると

「枠連におけるシェア／馬連におけるシェア」の値は210・7％。この年も枠連7－7は過剰人気していた。

馬連のオッズが、その出目に対する馬券の本筋としての〝正当な評価〟と仮定すると、2020年の枠連7－7に「ケントク買いで過剰投票された額」は約155万円。この額を毎年定点観測して前述のデータと照らし合わせると、近年はおおむね150万円をはさんで上下しており「平年並み」だと言える。電投偏重となっても、ケントク買いする層の動向は変わらなかった。ケントク買いする層は、馬券を手にして居酒屋などで話の種にするのが主力かと想像していたが、どうも違うらしい

もう一歩深掘りするため、コロナ禍に突入する前の2019年について、JRAに現金投票と電投の内訳について問い合わせ、それぞれの中における推定票数を計算した。驚くべきことに現金投票内での枠連7－7のシェア3・07％に対し、電投内では3・52％と、電投によるこの目のシェアの方が大きい。逆に同意味の馬連は現金1・52％に対し、電投1・43％と、傾向が逆転。ケントク買い自体がこの段階ですでに全体の傾向より電投にシフトしていた。

その後も、この定点観測を継続しているが、枠連7－7は、同じ意味の馬連に対し、2倍以上のシェア比をキープし続けている。この事実を受けて、合理的に馬券検討を試みようとする層は、何をするべきか。具体的に多くを語らずとも分かろうというものだろう。

第2章

季節性の強弱についての科学

よく知られた格言のひとつに「夏は牝馬」というものがある。季節によって、特定の属性の馬が強くなったり弱くなったりするというのは本当なのだろうか。実は、こうした切り口でレース結果や競走馬の生理状態を調査した研究は複数ある。

◉「夏は牝馬」は本当か？

夏に牝馬が強くなるという現象が本当だとすれば、生理学的に何か裏付けがあるはずだ。実のところ、そうした事実を裏付ける生理学的なシナリオ（仮説）も見つかっていないし、当然、証明もされていない。もっとも格言自体の真偽は別の話。歴史的に支持されているのは、ファンの肌感覚として、信じられるだけの結果が続いているからだろう。

科学者は生理学的な背景を探る前に、大前提として「本当に夏に牝馬は強くなっているのか？」ということを証明することから始める。武器は統計学だ。

2014年末の「第27回日本ウマ科学会学術集会」でJRA競走馬総合研究所（総研）の高橋敏之さんが統計的検証を発表している。牝馬限定競走を除く全競走を対象に複勝率を季節的に見ると、牡馬では季節変動が見られないのに対し、牝馬では冬に低く、夏に高くなる傾向が示された。「なぜ？」というところはひとまず脇に置くとして、格言の内容は間違いないことがひとまず示された。

馬券検討に使うだけなら、これだけでもひとまず役に立つが、科学者はこれで満足しない。馬券を買うファンの視点に立ったとしても、その理由に迫ることができれば、「夏に買うべき牝馬はどれなのか?」という、より精度の高い格言を得ることができる可能性もある。

一方で、もう少し慎重に考えなければならない事情もある。実は、統計的に夏に牝馬の成績が上がることが示されたからと言って、「夏に牝馬が強くなる」ということが本当なのかはまだ分からない。

例えば、夏はローカル場に開催が集中する。「牝馬はローカルに強い」のかもしれない。次に、夏は大レースの配置からして強い牡馬の多くが休養する。仮に牝馬の方が休む傾向が少ないと「メンバーレベルが相対的に牝馬に有利」という状況がつくられているかもしれない。

そこで高橋さんの研究では、4大場とローカル場での性別比較と、特定の強い牡馬が夏に限って休むといった事情が薄いと考えられる新馬・未勝利競走に絞った季節ごとの性別比較をした。

結果、夏における牝馬の複勝率上昇は競馬場の形態に関係がなかった。新馬や未勝利に絞った統計では牝馬に限って複勝率が夏に上昇した。もはや、夏に牝馬が強くなる傾向があるということのほかに、こうした現象を説明できないだろう。これで「夏は牝馬」は、科学的裏付けを得た数少ない格言の1つに数えられる。

科学の世界では、実験の切り口を少し変えたり、統計の調査対象を別の枠組みにしたりして、新たに提示された科学的事実を補強したり、結果によっては批判して、真実に迫っていく。高橋さんの「夏は牝馬」に関する統計については、海外に別の統計があって、これを補強する結果を引き出している。

2011年設立の欧米ブックメーカーへのポータルサイト「スポーツベッティング・オンライン」が、欧州競馬を対象とした性別、馬齢ごとの季節性入着率変化をまとめた結果を公表している。この中に2歳牝馬の牡牝混合戦における月別勝率をまとめたものがある。これによれば4〜7月に9%を超していた牝馬の勝率が、秋以降、7%台に低下するという。これは高橋さんの調査が引き出した「夏に牝馬が好走する傾向が上がる」という知見を補強する。

海外の統計では2歳戦が対象なので、2歳時の競走馬の成長曲線に性差があるという可能性も考えておかなければならないが、馬場条件や斤量のセックスアローワンスなど、日本と条件の異なる環境でも「夏は牝馬」と言えそうな傾向が認められるとすれば、やはり背景に生理学的な理由が何かあると考えるのが最も自然だ。

当然、次の課題は生理学的な切り口で「夏は牝馬」に対する「なぜ?」を検索することだ。ひとつの試みとして、JRA総研は暑熱耐性について調査している。

２０１５年末の「第28回ウマ科学会学術集会」で、総研は熱中症発症と熱耐性に絞って性差を検討している。この報告では残念ながら、暑熱環境への耐性はむしろ牝馬の方が低い可能性が示唆された。暑熱耐性は夏の牝馬を強くする要因ではないようだ。他の有力な仮説の提示が待たれる。生理学的な背景が分かれば、夏に強くなる牝馬をさらに絞り込める可能性がみえてくる。

◉牝馬の「フケ」は本当に発情か？

牝馬を巡る言説に「フケ」を凡走の原因とするものがある。「フケ」とは厩舎用語で、発情期だと思われる所作を示している状態を指す。地力比較や中期的な状態の見極めが正しく読み取れても、競走当日に発情していると、そうした前提を全部破壊してしまうとすればやっかいだ。

調教段階や当日の下見所で発見できれば、とも思うのだが、これがなかなか難しい。例えば膣口《ちつこう》が開閉すること（リッピング）がある。これが観察できれば、かなりの精度でその牝馬は発情期にあると言っていい。古くから交配のタイミングを計るのにも使われてきた指標でもある。しかし、これを見せてくれる現役の牝馬は極めてまれだ。

ほかにも「わけもなく尾を振る」とか「腰が浮いて満足に踏み込まない」とか「フケ」を示唆

するとされる所見が経験的に言われている。繁殖学を教科書的に学んだ大学時代からしばらくは、これら経験則が馬券検討に応用できると思っていたが、ここ数年はそんな単純なものではないと考えをあらためた。

以下は生理学・繁殖学における、いわゆる教科書的な知見だ。馬の性周期は約21日。季節繁殖動物で、おおむね春季に排卵する。排卵近くの一定期間、牝馬は交配を受け入れる発情期に入り、この期間でなければ牡馬が交配目的に近づいてきても拒絶する。北半球ではおおむね4～9月だが、早い馬だと1月ごろから発情が始まる。

性周期の本質は複数の雌性ホルモンの濃度変化だ。従来、繁殖牝馬よりも比較的高いストレスの影響下にある現役牝馬は、慢性的に〝生理不順〟の状態にあると考えられていた。そこで、JRAが実際に採血して調べてみた研究がある。

この研究では、採血して性ホルモンの血中濃度の変化を調査する一方、各馬の担当者に「フケの兆候」と思われる行動の変化があるかを聞き取り調査した。生理学的データと聞き取り調査の結果をつきあわせて比べている。

採血の生理学的調査からは、現役馬も性周期がおおむね乱れずに観察された。一方、担当者の実感として「今、担当馬はフケだ」とする判断と、採血して調べた性周期は、統計的にほとんど無関係だった。

だからといって、担当者の感覚を疑うわけではない。「今は出走しても走らない状態だ」と言い換えれば、その通りなのだろう。しかし、その走らない原因が生理学的な意味における「発情」であるかどうかというところは疑う必要が出てきた。

おそらく担当者が「フケだ」と言うのは経験的な「フケの兆候」をとらえているはずだ。そのうちの多くが、実は性周期とはあまり関係がなかったというシナリオが最も考えやすい。

調査対象馬の担当者がどんな「兆候」をとらえていたのか、この研究では分類していない。その点は今後もう一歩踏み込んだ調査が必要だろう。しかし繁殖学的に裏付けのある生殖器周辺の特徴的な所見（膣口の開閉など）は別にして「フケの兆候」とされるものの多くが、発情期であるかどうかを判断する所見とするには怪しいと考えざるを得ない。となると、ファンが下見所などの所見から「フケ」を見いだすのはもはや不可能に近く、あきらめるほかない。

◉発情周期と牝馬クラシックローテの関係

牝馬が生理学的な意味において今まさに発情期にあるか、外見的な所見からこれを判断することはほぼ不可能だということは分かった。一方で、前項で紹介した調査は、生理学的な意味における発情期が競走能力に影響を与えるということについては、肯定もしていないが、否定もされていない。

繁殖の現場での経験則としては、発情期は牝馬の性格もおっとりするし、競走に要求される闘争心がそがれる傾向にある。したがって、発情期に競走能力がいくばくかそがれるというのはおそらく本当だろう。

前項紹介の研究でもうひとつ注目すべき点として、現役の牝馬のほとんどが、従来考えられていた〝生理不順〟の状態にはなく、性周期をおおむね正常に回しているという事実も挙げられる。であるなら、この知見から我々競馬ファンが有効な馬券作戦をひねり出すことも可能だ。厩舎社会の経験則から言われる「フケの兆候」とはまったく別に、発情期が周期的にやってくるという事実は、従来の経験則からは見えにくいところに馬の調子の波が存在しているということを意味するからだ。

例えば桜花賞。前哨戦の路線傾向としてフィリーズレビュー組の不振はよく指摘されるところだ。近年は3歳初戦ぶっつけというトレンドが勃興してきたという影響も大きいが、ある程度詰めて使うのがセオリーだった時代にさかのぼっても、フィリーズレビュー組はチューリップ賞組に比べて桜花賞での成績が一枚以上落ちる。１９８６～２０２３年で統計すると、チューリップ賞組【19・14・9・101】に対して、フィリーズレビュー（前身の4歳牝馬特別を含む）組は【6・6・7・198】と、入着数、入着率どちらをとってもかなり差がある。古くは前身の4歳牝馬特別まで4連勝していた2000年サイコーキララのように、桜花賞を境にパッタリという象徴的な例もあった。

ひとつには距離設定という事情もあるだろう。基本的に桜花賞と同コースで行われるチューリップ賞に対し、フィリーズレビューは同じ阪神でもスプリントレンジの馬でも手が届く7F戦。そもそも桜花賞が最適な舞台でない馬でも、桜花賞に出したいからとここで切符を得た馬が歴史的に多くいたというのも事実だろう。

一方で、馬の発情周期を合わせ考えると、フィリーズレビューと桜花賞の競走間隔は、牝馬の能力発揮に関して桜花賞で下降線をたどりやすい巡り合わせになっている。

チューリップ賞が桜花賞との間隔において原則、中4週で設定されるのに対し、フィリーズレビューは中3週だ。

馬の性周期はおおむね21日。繁殖期は年の上半期で早いと1月には始まり、遅いと8月ころまで繰り返される。1周期のうち排卵のタイミングの近傍5~7日くらいが発情期だ。発情への突入は排卵誘起がスイッチ。性ホルモンの動態としては直前にLH(黄体ホルモン)サージと呼ばれるLHの一過性大量放出が起こる。LHサージを起こすトリガーは血中エストラジオール濃度だ。エストラジオールは雌性ホルモンの一種で、排卵→未受精・未着床という転機で1つの性周期が終了して、あらたな性周期が始まると、徐々に濃度を増していく。これがある値を超えたところでLHサージを引き起こす。エストラジオール濃度は性周期1周期の中でみると、排卵後の性周期再始動時に最も低く、LHサージ直前が最も高い。

エストラジオールの濃度が競走能力にどう影響するのかを直接評価した研究は見当たらないが、エストラジオールは例えば、人で身長を伸ばしたり、誘導体のテストステロン（雄性ホルモン）が筋肉増強に働いたりと、競走能力を高めそうな生理活性が複数知られている。仮に体内エストラジオール濃度が、競走能力と一定のリンクがあるとすると、「牝馬のバイオリズムとして、発情直前は強い時期」である可能性がある。

フィリーズレビューが性周期上の最も強い期間にはまったために生まれた「前哨戦で強く見えた馬」にとって、中3週を経た桜花賞は、前哨戦のおよそ28日後。すなわち性周期を1周回してさらに翌週というフェーズで桜花賞を迎えることになる。フィリーズレビューが発情期直前だった場合、桜花賞はまさに発情期にはまってしまうという勘定になる。

対してチューリップ賞の中4週は、前哨戦のおおむね35日後に本番を迎えるというローテ。性周期において桜花賞は前哨戦でいたフェーズの2週間後（＝1週前）の段階にある。チューリップ賞が発情期にはまっていた場合は桜花賞を発情直前の「性周期上、最も強いと考えられるフェーズ」で迎えるし、チューリップ賞が発情直前の最も強いフェーズでのパフォーマンスだったケースでも、桜花賞は発情期が終わった直後のタイミングで迎えることになる。発情状態で桜花賞を迎えるということは避けられる。

同じ話は春の古馬牝馬GⅠ「ヴィクトリアマイル」でも言える。2006年の創設以降2023年まで18回の歴史において、中3週で臨んだ馬の成績は【2・0・2・10】。勝ったケースを振り返ると2006年ダンスインザムードは前走マイラーズC2着、2011年アパパネも同じくマイラーズCで4着と、いずれも自身が勝っている桜花賞と同じコースのGⅡで負けている。

そもそもこの2頭の地力はベースが高く見積もれるケースで、マイラーズCが「発情直前の強いバイオリズム」の巡り合わせであったとは考えにくい。したがって、「前走が生理学的に一過性に強いパフォーマンスを示した」という巡り合わせではなかっただろう。

ヴィクトリアマイルにおいても中3週で臨んできた馬について、前走のパフォーマンスが目を引いて人気に推されるようなケースがあれば、疑ってかかることができるだろう。

より一般化すれば、春の牝馬は、中3週の前走における好パフォーマンスはあてにできないことがしばしばあるということだ。前走と性周期上の意味づけがぴったり一致するのは中2週。このローテでは前走並のパフォーマンスがあてにできるということも言えそうだ。

◉実は高校生物で教わっていた〝格言〟

体格と競走成績はしばしばリンクして考えられる。冬場は大型馬の活躍が目立つ。もちろん、冬場は番組的にダート戦の割合が増えるので、大型のパワータイプが活躍しやすいという事情もあるだろう。一方で、暑さや寒さへの適性と体格も無関係ではない。

出走馬の地力レベルをそろえるサンプルとして古馬1勝クラス（旧500万条件）芝5～7F戦を1～2月と7～8月で比べてみよう。

夏は2010～2020年、冬はその半年後のデータを統計した。夏の勝ち馬358頭の平均馬体重は463・8kg。一方、冬の勝ち馬139頭は475・8kg。夏が12kgほど軽い。

出走全馬の平均体重は夏461・4kg、冬464・0kgなので、冬の方が全体的に3キロほど重いが、勝ち馬の平均が12kg違うとなると、出走馬全体の体重増の傾向だけで説明するのは無理というものだろう。背景には別の理由があるはずだ。念のため出走全馬の体重動向の影響を考慮した統計的検討も行ったが明確な有意差を得た。

競走馬を対象に、この現象を突き詰めた研究はまだないが、似た現象を説明する生態学の知見がある。高校生物でも学ぶ「ベルクマンの法則」だ。「同系動物の生息環境とサイズの関係は、寒冷地ほど大型、暑熱地ほど小型」という傾向がある。

典型例によく挙げられるのがクマだ。北極圏のホッキョクグマ、北海道のヒグマ、本州～九州のツキノワグマ、東南アジアのマレーグマ。この順番に大型→小型と並ぶ。

動物の熱産生量は体重に比例する。体重は体積に比例するのでサイズの3乗に従う。熱放散量は体表面積に比例するのでサイズの2乗に従う。個体の熱交換効率は熱放散量を熱産生量で割ったものだ。2乗を3乗で割ると1乗分だけ分母に残る。従って、サイズが小さいほど分母が小さくなって放熱効率は上がる。逆にサイズが大きいと放熱が進まず、体内に熱がため込まれる。この効果が、動物の生息域の気温とリンクする。

競走馬でもこの原理は変わらない。暑い季節は小兵の方が放熱しやすいという物理的特徴を持つから有利だ。冬場に巨漢馬が強いというのは、格言にまでは落とし込まれていないものの、経験的によく知られているように思う。

一方で夏に小兵が強いというのは、馬券検討におけるセオリーとしては、あまり流布していないのではないか。

「夏は小兵」。この格言が定着する前に、これを念頭に馬券検討に活用すれば、より有利な馬券が組み立てられるだろう。

◉冬毛が目立つのは割引なのか?

季節にリンクした馬券作戦としてよく言われるものに「冬毛」の判断が挙げられる。私も中学時代、競馬を教えてくれた悪友から「パドックで冬毛が目立つ馬は割引」と、教わった。おそらくかなり古くから言われていることなのだろう。

しかし、獣医師になって馬の生態についてある程度詳しくなってみると、これはちょっとおかしいのである。冬毛はすべてのサラブレッドがまとうものなのだ。

馬は晩秋と早春、年に2度、体毛が生え替わる。この時期を換毛期という。夏季に身にまとっているのが夏毛、冬季が冬毛だ。

よく知られているように、冬毛は夏毛に比べて長い。体温調節という点において、環境変化に適応した反応として、非常にわかりやすい。

冬毛が生えていれば割引、すなわち競走能力が減じられているということの直接の真偽は分からないが、少なくとも、真偽どちらであっても、馬券の取捨判断には役に立たない。なぜなら、冬季に冬毛をまとっていない馬はいないからだ。仮に冬毛をまとっていると競走能力がいくらか減じられるというのが真実だとしても、隣の馬も同じ理屈で競走能力が減じられているはずなので、冬毛を根拠として、どの馬がより走らないといったことはほとんど起こらない。

確かに換毛の時期は個体によって多少ばらつきがあるから、早春や晩秋のころには、ある個体は冬毛で、ある個体は夏毛ということもあるかもしれない。百歩譲ってそうしたケースを考えたとしても、冬毛そのものが競走能力を減じるという生理学的なシナリオは考え及ばない。たまに聞く言説に、冬毛の方が長いから、そこに生命活動のエネルギー的なリソースが割かれて、走る方に使える分が減るといったものもあるが、被毛を生やすのに使われるエネルギーが、競走に関するエネルギー代謝に影響を及ぼすほど大きいとはとても思われない。

だいたい、在厩で臨戦態勢にある現役競走馬のエネルギー要求量は、文献によって若干のばらつきはあるものの、馬体重450キロの馬で30メガカロリーを超える。当然、それだけ飼い葉から補給し続けている。換毛に使われるエネルギーと、疾走に使うエネルギーではケタが違って比べものにならない。

ただ、古くから厩舎社会でも言われてきた格言なので、まるで根拠がないというわけでもないだろう。なぜそのように思われるようになったのだろうか。思い当たる節はいくつかある。

第1に、冬毛が目立つ状態というのは見た目が悪くなりがちだ。毛づやは馬の体調を推し量る有力な指標と信じられている。ひとまずここではその真偽までには踏み込まないが、長い冬毛は体表面の凹凸を大きく見せがちだ。不正形な表面は光を乱反射するから、毛づやもくすんで見える。

体調が本当に悪いと、被毛の表面も角質が立ってそろわず、凹凸が大きくなりやすい。そうなると確かに毛づやはさらにくすんで見えるようになるだろう。

とは言っても、このケースでは、あくまで割引要素たりえるのは毛づやであって、冬毛ではない。冬毛ゆえに毛づやが悪く見えるのだ。別の理由を考えねばならないだろう。

第2に思いつくのは、現在の中央競馬ではほとんどないと言ってよさそうな事情だが、厩務員が仕事熱心かどうかという指標として冬毛が目立つかどうかが利いていたという仮説だ。

現状は厩務員のなり手が減りつつある時代に突入したが、つい先頃までは中央競馬の厩務員はなりたくてもなれない職業だった。生産地や育成牧場で数年の勤務経験がなければそもそもJRA競馬学校厩務員課程を受けられなかったし、受験に年齢制限もあった。

しかし、さらに時代をさかのぼると、厩務員のなり手がかなり限られていて、厩舎の現場で人員不足だった時代もあった。そうした時代の話は、トレセンに出入りし始めたころにすでに大ベテランで、すでに厩舎が定年解散してしまった何人かの名伯楽から聞いた話が根拠になるが、それらによると、腕が立って熱心な厩務員から、ひとまず調教師に言われたことだけやればいいといった勤務態度の厩務員まで、幅広くいたらしい。

さて、冬毛である。冬毛は長いものだから、ブラッシングを丁寧にかけないと、きれいにはそろわない。現在の中央競馬で厳冬期の開催でも冬毛でもこもこな馬がほとんど見られないのは、厩務員がみな丁寧に仕事をするからだ。

一方で、ブラッシングが適当な厩務員がいた時代ではどうだったろうか？　冬毛が目立つということは、担当者がまじめか、あるいは腕が立つかという判断に、強くリンクしたのではないだろうか。

であるなら、冬毛が目立つという事象は、その馬の担当者の仕事がいい加減、したがって走らないという図式になっていた可能性もある。

念のため断っておくが、現在の中央競馬では冬場に厩務員がブラッシングをサボっているために冬毛が目立つようなケースはまずお目にかからない。それでもたまに冬毛が目立つ馬がいるのは、その馬の冬毛が特段に長いからという個体差による。現代水準でまじめにブラッシングしても目立ってしまうレベルの長い冬毛は、もはや担当者の責任でもなんでもない。当然、それを根拠に割り引きだとするような理由も、また皆無だ。

◉「夏負け」を巡る言説はどこまで本当か？

夏場の下見所観察でしばしば聞かれることに「夏負けの兆候」がある。夏場に飼い葉食いが落ちたりすることで、調子を落とすことを総じて「夏負け」という。ヒトが夏場に食欲不振に陥ったりすることを指す「夏負け」と、似たようなことが起こっていると考えた厩舎人の経験から来る用語である。

したがって、馬の「夏負け」は、きちんと生理学的に研究され尽くされているとは言い難い。そもそも人の場合でも、夏場に頻発する食欲不振、元気失調といった漠然とした体調不良を総合的に言う症候群だ。人では自律神経の失調などが原因として言われているが、個々の症例で起こっていることはかなりばらばらだ。

なので人で言われていることを馬に直接当てはめてよいかどうかは、いくらか慎重でなければならない。とはいえ、暑い季節に元気失調の競走馬がいれば対処しないわけにもいかない。現場では、できるだけ合理的な判断で適切な処置や判断を行うことになる。

夏負けの兆候としてよく言われるのが睾丸《こうがん》の下垂や体表のたるみ、あるいは眼瞼が黒ずんで見えるなど。いずれも脱水を示唆する可能性がある所見だ。ただし、本当に睾丸が下垂するほど脱水状態にあるならば、そもそもその競走馬は出走させられない。実際、少なくとも中央競馬ではパドックで睾丸下垂が観察できるようなことはまずない。

目の周りが黒ずんで見えるケースにしても、脱水のほか、たまたま被毛が密になって輝度が下がっていたり、被毛のブラッシングの方向の加減で、局所的にくぼんだところができているだけだったりと、脱水と何ら関係ない理由で起こることもある。

出走までの調整過程においては、放牧先から帰厩間もない段階で、皮膚がたるんでいたり睾丸下垂が起こっていたりということが観察できることがまれにあるが、そうしたケースの多くは出走まで時間がかかったり、出走にこぎ着ける前に再放牧ということになる。

結局、競馬場に出てきている馬に、よく言われる「夏負けの兆候」が観察されて、馬が夏負けの状態にあると裏付けられるということはまずないと考えていいだろう。目の周りがやや暗く映っても、ほとんどは光の加減だったり、被毛のそろい方のアヤだったりするのであって、脱水を裏付けるようなものではない。

厩舎取材の中で、調整中に夏負けの兆候と格闘した経緯は聞かれることがある。下見所解説で夏負けについて触れられることがある場合、それは（解説者が、正直な姿勢で仕事をしている限りにおいては）、厩舎取材で得た調整過程についての情報を盛り込んで話しているケースなのだろう。

第3章

骨学は馬の見方をより深くする

競走馬のけがの多くを占めるのが骨折だ。一口出資で楽しむファンは、出資馬が休養を強いられる原因としてしばしばレポートで「骨折」の文字を見ることがある。長休明けの出走馬の馬柱に「骨折休養6カ月」などの文字を見て、取捨判断を迷うファンも多いことだろう。

骨折を理解するのに最も大きなハードルのひとつが、そもそも骨折したのがどこの骨なのか伝わりにくいことだと思う。例えば「橈骨遠位端骨折《とうこつえんいたんこっせつ》」。獣医師あるいは医療系従事者でもなければ、自分の「橈骨」がどこなのか直ちに分かる人は少ないだろう。これと相同な馬の「橈骨」がどこなのか、知らないファンも多いはずだ。

解剖学は正常な生体を形や構造の面から理解しようとする学問。一般に「解剖」というと、生体にメスを入れて「腑分け」することをイメージする人が多いだろうが、獣医師や人医が「解剖」と言うとき、生体の構造の理解について言っていることが多い。

例えば「解剖は外科のいろはのい」のような言い方がされることがある。非医療系の人たちには「御献体を使った解剖実習で得たメスの使い方が外科手術の基礎になる」のような意味に受け止められるかもしれない。

獣医師や人医が必ず聞いて学んできたこの言葉の意味は、全くそれとは異なる。「外科手術では処置しようとする特定の臓器がある。いざメスで開いてアクセスを試みるとき、それが中でどのように並んでいるのか、どんな状態が正常か、理解していることが適切な処置を施すことのできる大前提」ということを意味する。

当然、骨折に関する理解も骨に関する解剖、すなわち「骨学」がいろはの「い」だ。解剖学用語は人の解剖が先にあって、人の形態に合わせた言葉が使われている。そのため、動物の部位の名前がしばしば名前とかけ離れていて理解しづらいことも多い。

例えば人では背中の肩甲骨に接続している僧帽筋は、人のものはカトリックの司祭がかぶっている帽子に形が似ているためにそのような名前がついているが、動物の僧帽筋は「僧帽」に見えないことも多い。

人でふくらはぎの裏にある「ヒラメ筋」は、魚のヒラメに似た形だが、やはり動物ではそのように見えないことがほとんどだ。

あるいは、人では手が機能的に重要な器官なので、手を一体とした器官として理解しやすいように骨の名前もついている。指も5本あることが前提として骨の名前もナンバリングされている。一方、馬は中指1本で立っているので、1本しかない中手骨が「第3中手骨」と相同だったりする。馬ではこの「第3」はしばしば略される。

以下、競走馬で骨折が頻発する部位について、そうした名称のずれについても織り交ぜながら整理していこう。

◉腕節（前ヒザ）

人の手首に相当する部位だ。馬ではいわゆる「前ヒザ」がこの関節にあたる。バンテージを巻くのが腕節のひとつ先（遠位）にある骨で中手骨。馬では特に「管骨」とも呼ぶ。前ヒザからひとつ体幹より（近位）にあるのが橈骨だ。

腕節は疾走時、前肢を振り出すフェーズで限界まで伸ばされ、伸びた次の瞬間に前蹄が着地する。着地の衝撃を受け止める関節のひとつになる。骨折が生じるのは主にこの2つのタイミング。前肢が振り出されて伸ばされた瞬間に関節の前面で橈骨と管骨が衝突するので、この衝撃で前面がかけることがある。着地のタイミングでも関節前面が衝撃を受け止めることがしばしばある。やはり前面の骨折が多い。橈骨側で生じた骨折が「橈骨遠位端骨折」。管骨側で起こったら「管骨近位端骨折」となる。

現役競走馬で発生する骨折としては最も頻度が高いが、しばしば軽傷ですむ。

中央競馬は内厩性をとっているため、所属競走馬について病歴と成績をつきあわせた大規模な疫学調査ができる世界的にも数少ない主催者だ。骨折の種類ごとに調査したデータがあり、腕節骨折の場合、競走復帰率は79％とかなり高い。平均休養期間も２３７日と、ほかの種類の骨折に比べると短い。復帰後の成績については複勝率は下がらず、賞金獲得水準も統計的に明確に下がるとは言えない水準にとどまる。

馬券検討の上では、骨折休養を強いられた馬が復帰したとき、けがを経ていない同期間の休み明けと同じくらいに考えておくのが妥当なところだろう。

◉第1指（趾）骨＝繋骨

指先の骨だ。人の手では指がそれぞれ3本の骨で構成されていることが外から見てもよく分かる。馬では人の指に相当する骨が球節の先で、2本目から先は蹄の中に入っている。そのため人のように2つ関節があるようには見えない。人では体幹側から第1、第2、第3とナンバリングされていて、馬でもこのナンバリングでもしばしば呼ぶのだが、蹄の中の指の骨には馬用の解剖学用語が用意されている。体幹側から順に「繋骨」「冠骨」「蹄骨」と言う。これは馬の形態に寄り添った呼び方だ。繋骨は文字通り繋ぎの骨。球節関節を構成する骨

競走馬の各種疾病の予後統計

		競争復帰率	平均休養期間	獲得賞金	複勝率
浅指屈腱炎		19%	331日	↓	↓
骨折	腕節	79%	237日	↘	→
	第1指骨	59%	265日	→	→
	第3中手骨	51%	304日	↓	↓
	第1趾骨	58%	272日	↘	→
	第3中足骨	46%	273日	↓	↘
鼻出血		63%	156日	↘	→
心房細動		74%	87日	→	→

【注】獲得賞金、複勝率で「↓」は有意な低下を、「↘」は有意差は認めないものの低下傾向があることを、「→」は低下傾向のないことを示す。

のうち、蹄側にある骨のことだ。体幹側が中手骨になる。

この3つの呼び方は前肢後肢共通のため、単に「繋骨」と言ったとき、前後の区別ができない。後ろは「第1趾骨」と「ゆび」の字が異なる。例えば「左後繋骨」などと表記しなくても「左第1趾骨」「右第1指骨」なら前肢か後肢かが分かる。

球節関節は疾走時に中手骨と繋骨が激しくぶつかることが腕節より少ない。骨折が生じるのは、主に着地時にひねったりして関節に無理な力がかかるケースが多い。腕節のように骨同士の衝突で生じる骨折は端点がかける程度ですむことが多いのとは対照的に、こうした骨体に無理な力がかかって生じる骨折はしばしば深刻だ。

前出の骨折種類ごとの予後統計にもそれが反映されている。第1指骨骨折と第1趾骨骨折は競走復帰率がそれぞれ59％、58％と低く、競走復帰がかなったケースでの平均休養期間も265日、272日と、腕節骨折より長い。

ただし、競走復帰にこぎ着けられたケースでは骨折前に比べた地力低下の可能性は大きくない。獲得賞金水準は第1趾骨骨折では復帰前より若干下がる傾向があるものの、統計的に有意差がつくほどではなく、第1指骨骨折ではほとんど変わらない。複勝率はどちらも故障発生前とほぼ同水準をキープしている。

この傾向は次のように理解できる。繋骨の骨折が極端に深刻なものと、そうでないものの間に大きなギャップがある。復帰後の成績は骨折を治療して復帰にこぎ着けたものだけが対象だ。競走復帰率が腕節骨折に比べて20％ほど小さいのは、それだけ戦線復帰ができないケースが多いことを示している。こうした重症でそもそも戦線復帰できない症例は、「競走復帰後の成績」の統計にカウントされていない。復帰できる程度の症例であれば、地力を損なうような骨折ではないということだ。

繋骨骨折はしばしば深刻で、競走復帰にこぎ着けられないケースが多い。それゆえ、なんとか復帰にこぎ着けたときにけがの前より弱くなってしまうといったイメージもたれがちだ。しかし予後のイメージはさにあらず。馬券検討においては、ひとたび戦線復帰したのなら、腕節骨折同様、治療期間だけの休みをはさんだ馬として評価してあげるのが不当な人気薄を見いだすカギになるかもしれない。

◉第3中手（足）骨

前肢の腕節（前ヒザ）よりひとつ先、後肢の飛節のひとつ先（遠位）の骨が第3中手（足）骨だ。「第3」と名前がついているのは人の解剖学用語に合わせるため。「第3」は親指（趾）側から数えたナンバリング。中指（趾）の「3番目」だ。すでに述べたように前の第3中手骨には馬では「管骨」という異名がある。

腕節骨折がしばしば軽症ですむのとは対照的に、第3中手（足）骨で起こる骨折は深刻なことが多い。前述の予後統計では、中手骨骨折として、腕節関節面以外のおよそ骨の真ん中で起こる骨折を中手骨骨折として集計している。中足骨が近位で形作る飛節関節は、腕節と違って疾走時に骨同士が衝突するようなことがまれなので、飛節の骨折もまれ。ここにカウントされている骨折は、骨を一本の棒と見た時に、真ん中に近いところでダメージを受けた例だ。治療成績、復帰後の成績ともに腕節骨折に比べてかなり悪い。競走復帰率は中手骨で51％、中足骨で46％。どちらも約半数が戦線復帰できずに登録抹消（地方転出も含む）に至っている。平均休養期間も304日、273日と長く、復帰へのハードル自体も腕節や球節の骨折より高い。復帰にこぎ着けたケースの成績も振るわず、獲得賞金水準はどちらも統計的有意に故障前より低下する。複勝率も中手骨骨折は統計的有意に故障前より低下。中足骨骨折も低下傾向にある。

これはイメージしやすい帰結だと思う。腕節の骨折の多くに、骨同士の衝突で生じる「骨がかけた」といった程度のものが含まれているのに対し、中手（足）骨の骨折は、言ってしまえば「ポッキリ折れた」骨折の占める割合が多い。多くはボルトやプレートを使って固定する手術を経て、治療期間も馬は多くの時間を立って過ごすから、患部にも体重を乗せ続ける。患部馬はずっと痛みにさらされ続けるから、「蹄をつくのが痛い」ということを学習する。患部の物理的な回復が仮に完全であっても、全力疾走をためらうような癖がつくことも多いだろう。

馬券を買う立場として覚えておきたいのは、関節の骨折ではない中手（足）骨の骨折は復帰してきても、故障前の成績をあまりあてにできないということだ。

もうひとつの視点としては、血統やデビュー初期のパフォーマンスで能力を期待された馬が、この種の骨折に見舞われたとき、繁殖に上がったら、故障後の成績よりも故障前のパフォーマンスをものさしに考えるべきだということだ。

代表的な例としてはリヤンドファミユがいる。父ステイゴールド、母オリエンタルアートというオルフェーヴルの全弟。出世レースの若駒Sを完勝したが、その後、右第3中足骨の骨折に見舞われて1年近く休養した。その後は、当時まだあった降級を挟んで準オープンを2度勝つにとどまったが、種牡馬としての期待値は、血統と若駒Sまでのパフォーマンスをものさしにするのが、科学的な見地からは適当だ。同馬は通常であればスタッドインできなかったところ、篤志家らによるクラウドファンディングによって種牡馬として供用されるに至った。2023年11月現在でオープン馬こそ出ていないが、マメコ（2019年産、母父スニッツェル）が準オープンまでたどりついている。血統背景と現役時の中足骨骨折という既往を合わせ考えれば、交配相手次第で、実績を超える繁殖成績を期待してもいい種牡馬だと言える。

◉寛骨

いわゆる骨盤だ。馬では腰回りを指して「寛」と言うこともある。ファンが最も目にするケースは跛行による除外だろう。「寛跛行」とは、腰回りの動きに違和感のある跛行のことだ。

寛骨はさらに3つに分けられる。脊椎から両側に広がった最も大きな部分が「腸骨」。腸骨の腹側にあって、寛骨全体を輪のように接続している部分が「恥骨」。腸骨の尾側に飛び出ているのが「座骨」だ。

これらは、完全に人の解剖が前提になったネーミングで、人の腸骨は腹腔の下で小腸や大腸を支える位置にあるし、恥骨は股間に位置する。ちょうど人の陰毛が生えているあたりの骨だ。座骨はいすに座ったとき、座面に接する。

馬は人とは90度、体幹の向きが異なるので、腸骨が腸を支えるわけでもないし、座骨に体重を乗せた形で〝座る〟こともない。

人ではもうひとつ、骨盤構成骨として「仙骨」がある。脊椎の最後にある三角形の骨で、両側の腸骨を背側で接続しているが、馬では脊椎が尾部まで伸びているので、仙骨に相当するのは5本の仙椎だ。脊椎はさらに15～21個の尾椎へと続く。

馬の寛骨骨折はあまり多くはないが、発生することがあるのは主に腸骨だ。腸骨には、大腿骨を前方に持ち上げるインナーマッスルの腸腰筋や、駆動系の筋として最重要なもののひとつである中殿筋が接続している。

特に中殿筋は、腸骨翼と呼ばれる腸骨の板状に両側に広がった部分を力学的な支点としているので、疾走時にはこの部分に強い力を受ける。

腸骨骨折の原因について実験的に調べた報告は見当たらないが、腸骨骨折の多くが腸骨翼で起こることから、疾走時の筋肉による大きな力が、ひずみを生んで骨折に至ると考えるのが妥当なところだろう。

寛骨骨折は症例自体があまり多くないため、ここまで紹介した腕節などのような治療成績や復帰後の成績についての統計はまとめられていない。

そもそもの診断が難しいという事情もある。エックス線撮影は平面で切り取る画像診断で、きれいに骨折線が描出できる角度で撮影できるとはかぎらない。人の医療では、だからこそ全方向360度からエックス線画像を得て立体的に組み直すCTという技術もあるのだが、馬の腰は、そもそもあの狭いCTの〝輪〟を通せない。

逆に、大動物だからこその使い方があるのがエコーだ。外からだけでなく、直腸にプローブを挿入して裏側からも描出できる。最近は多方向からのエコー画像を立体的に組み直す「3D

エコー」の技術も開発されつつある。

それでも筋肉の薄い脚部などのように、骨折の正確な状況を把握するのは難しい。その分、回復に向けた治療の適格性も高めにくいという事情がある。治療の現場にはそれだけ難しいハードルが立ちはだかる種類の骨折だ。

第4章

屈腱炎の基本事項と受け止め方

【表1】JRAの事故見舞金の概要

番号	事故の種類	金額（円）
1	競走中の事故で「死亡または安楽死の処置」	6,850,000
2	調教中、輸送中の事故で「死亡、または安楽死の処置」	6,700,000
3	競走中の骨折、脱臼、外傷または腱断裂で、競走能力喪失	6,500,000
4	調教中、輸送中の骨折、脱臼、外傷または腱断裂で、競走能力喪失	6,350,000
5	競走中の骨折、脱臼、外傷または腱断裂で、1年以上出走できず	4,100,000
6	調教虫、輸送中の骨折、脱臼、外傷または腱断裂で、1年以上出走できず	3,950,000
7	競走中の骨折、脱臼、外傷または腱断裂で、9カ月以上出走できず	3,800,000
8	調教中、輸送中の骨折、脱臼、外傷または腱断裂で、9カ月以上出走できず	3,650,000
9	競走中の骨折、脱臼、外傷または腱断裂で、6カ月以上出走できず	3,300,000
10	調教中、輸送中の骨折、脱臼、外傷または腱断裂で、6カ月以上出走できず	3,150,000
11	競走中の骨折、脱臼、外傷または腱断裂で、3カ月以上出走できず	2,650,000
12	調教中、輸送中の骨折、脱臼、外傷または腱断裂で、3カ月以上出走できず	2,500,000
13	JRAの施設内で、疾病、負傷、天災地変、火災、暴動等により「死亡または安楽死の処置」	6,600,000
17	JRAの施設内で発生の腱炎（屈腱炎を除く）、骨膜炎、内臓疾患などにより、既走馬が該当疾病診断日から6カ月以上出走できず、かつ競走復帰	1,900,000
18	JRAの施設内で発生した屈腱炎、蹄葉炎、胸膜炎、変位疝により9カ月以上出走できず	3,550,000

（2024年1月現在）

◉かつては「不知の病」とも呼ばれたが…

現役競走馬にとって最も身近で、かつやっかいな疾患の代表選手が屈腱炎だろう。一口出資という形で競馬に参加しているファンにとっての出資馬はもちろん、一般のファンが個人的に応援している馬についても屈腱炎罹患の報道を見聞きするのはいやなものだ。

屈腱炎が忌み嫌われるのは競走復帰率が低く、治療期間も長引きがち。いざ復帰しても罹患前より地力レベルがしばしば一枚以上落ちる。現役継続に関して悪いことだらけだからだ。

競走馬にとって永らく深刻なけがの代表として扱われてきた。そのためJRAの事故見舞金制度でも、骨折や脱臼などのけがと別枠で、蹄葉炎などの深刻な疾患と同じカテゴリーで扱われている。

（表1）。見舞金の具体的金額はいろいろな競走馬ファンド（一口クラブ）が内容を公開している。屈腱炎が、蹄葉炎などと並んで、休養後の出走を前提とせずに見舞金を設定されていることからも、屈腱炎が深刻な病気と扱われている実情も分かるだろう。

かつては「不治の病」とも言われ、病態について謎も多かった屈腱炎だが、この20年くらいで、病態についての研究も進み、治療方法もいくらか選択肢が広がった。

研究が現在進行形な病気だけに、屈腱炎については誤解も多い。最も広く流布している誤解は「腱が切れるけが」だと思われていることではないだろうか。私も学生時代はシンプルにそう考えていた。

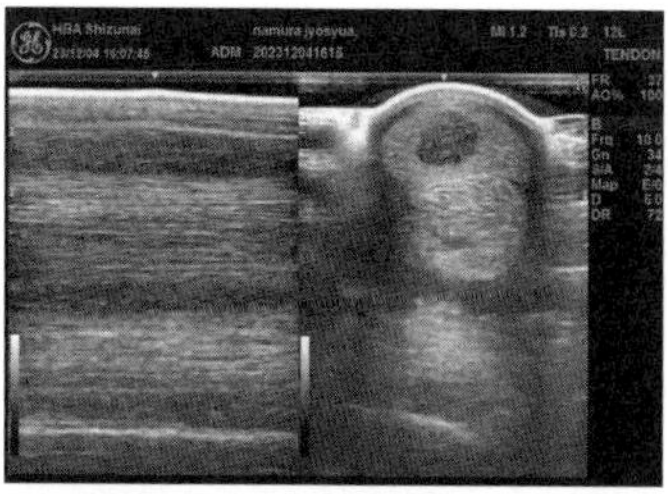

左前浅屈腱炎のエコー像。腱断面中央に黒い円形の領域がある。これが低エコー部。出血や体液貯留によって液性成分が富む状態になっていることを示す

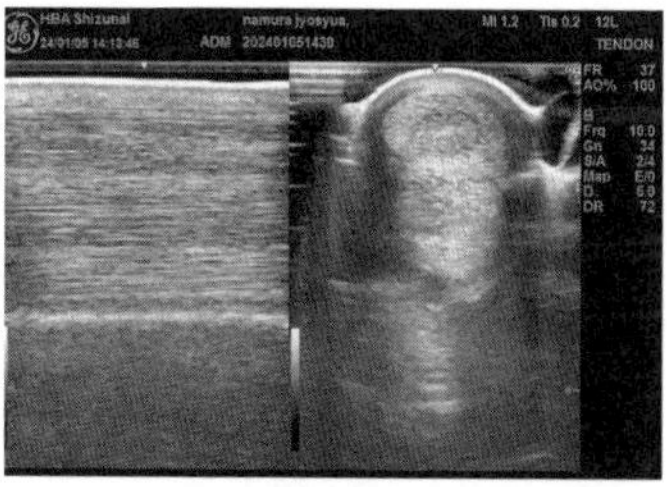

同症例に多血小板血漿（PRP）を投与して組織再生をうながすと1カ月後に低エコー部が相当程度ふさがった。ただし、消えた低エコー部が正常な組織が再生したのか、結合組織が代償的に空間を埋めるに至ったのかは、この像からだけではしばしば判断がつかないことに注意

屈腱炎の診断にはしばしばエコー（超音波診断装置）が使われる。主に患部となるのは管骨（中手骨＝人の手のひらの骨に相当）の背側を走っている浅屈腱。傷ついた部分にはしばしば出血があるので、腱の内部に内

出血や、炎症に伴って集まってきたリンパ液などで液性成分が溜まる。エコーは液体を透過するので、画像診断では腱断面の図で患部が黒く抜ける。エコーの抜けた部分の面積を腱断面の総面積と比べたのが「損傷率○×％」などと評価されることがある。クラブ出資馬が罹患した際に、この種のレポートを見たことがあるファンもいるだろう。

液性成分はしばしば出血だし、出血があるからには「腱が切れた」と連想しがちだ。もちろん部分的に切れることも多いのだが、必ずしも腱が切れているわけでもない。

屈腱炎の病態は「一部の腱線維が切れたり、変性したりする」というのがより正確なところだ。屈腱の〝主成分〟はコラーゲンというタンパク質。タンパク質は高校生物のいろはで教わるように熱変性する。熱変性すればコラーゲンに本来備わっている弾性力も大きく損なわれる。コラーゲンの変性温度は試験管内ではおよそ42℃。一方、強い調教負荷をかけた直後の馬の屈腱の内温を測った実験があり、45℃程度まで高温になることがあることが分かっている。

試験管内実験の温度にさらされるとただちに熱変性するわけではないが、高温環境が長く続けば、腱組織も試験管内と似た状況におかれて熱変性する。調教や競走直後の脚部冷却の重要性は実はこの点にある。

冷却は外から水をかけるのが一般的だ。当然、いったん熱を持った屈腱も、外側から冷やされていく。タンパク質の熱変性につながるような高温状態が最後まで残るのは腱の中心部だ。

内側と外側で弾性力が異なる状態になった〝ゴム〟に、伸ばしたり縮めたりという刺激が重なるとどうなるかは推して知るべしだろう。弾性力を失った中心部が部分的に切れることになる。

一方で、中心部が熱変性した段階でも、炎症細胞が集まってくることもある。だから屈腱炎罹患肢のエコー画像で黒く抜けているところは液性成分が貯留しているということまでは間違いないが、出血とは断定できない。

ここで気の利いた読者は、屈腱炎の発症初期にエコー像の抜けている面積を材料として「損傷率」を出すのは間違いではないかと思いはしないだろうか。厳密にはその通りだ。エコー像の黒く抜けている部分はあくまで患部に貯留した液性成分（しばしば出血）の広がりであって、熱変性したり、断裂した腱の割合とは必ずしも一致しない。それどころか、この「損傷率」は、罹患の初期段階では病態が進むにつれて大きくなりがちだ。例えば、問題の液性成分が内出血であれば、出血が生じてから時間がたてばたつほど、患部に漏れ出てくる血液の量は増える。

炎症細胞が集まってきたことで貯留するリンパ液の場合でも、炎症が進めば液性成分が増える。極端な事を言えば、昨日撮ったエコーで「損傷率30％」だった罹患肢が、安静にしていたのに明日撮ったエコーで診断すると「損傷率35％」になっているということもあり得る。

もちろん、こうした現象は屈腱炎の診断後に馬が粗末に扱われたりして病態が進んだということを意味しない。担当馬の扱いが雑で愛情もない厩舎人がこの世の中にゼロだとは断定できないが、かなりまれだ。ほぼすべての厩舎人は屈腱炎の馬には、罹患肢にあらたな負担がかからないように最大限の注意を払うものだ。

厩舎人の技量が利いてくるところがあるとすれば、屈腱炎発見時の損傷率の低さだろう。端緒を早期に発見すれば、患部に液性成分が貯留し始める早い段階でエコーを撮ることになる。早ければ早いだけ、患部に貯留している液性成分も少ない。結果、屈腱炎と診断された段階で算出される「損傷率」は低く抑えられる。当然、早期発見がかなえば、その時点から患肢への負担も減らすようにケアが始まるから、本質的な意味での、けがの程度を無駄に悪くするということも避けられる。

実はこうしたエコーによる屈腱炎の診断はここ20年ほどで確立したものだ。技術革新を経た現代の常識を、昔話の内容に無理矢理適用すると、おかしな事になる。それを実感させられたのは、読者からの問い合わせだった。

イクノディクタスという馬がいた。1990年のクラシック世代（ダービー馬アイネスフウジン）で、現在の年齢表記で2歳夏から6歳秋までコンスタントに走り続け、1992年オールカマーなど重賞4勝。無事これ名馬を地で行くローテに「鉄の女」とも呼ばれた。これが、2歳1月に屈腱炎を患ったという話があるようだが、これは本当か？　というものだった。

エコーによる屈腱炎の診断法が論文として出始めるのが1996年あたり。それ以前は、中手骨の裏側、いわゆる裏スジあたりに腫れが認められると、触診で腫れの原因を探っていた。獣医師の手先の感覚に頼った職人芸だ。それはそれで熟練の技だったのかもしれないが、現代的視点に立つと、例えば腱鞘炎などとの鑑別は不可能だ。触診だけでは繋靱帯の軽度炎症なども鑑別が難しい。

例えば2歳1月に現代的な意味での屈腱炎に見舞われていたとすれば、少なくともその7月に小倉デビューして2連勝、などということはほぼ不可能だ。おそらくイクノディクタスは軽度の腱鞘炎など、表現形が屈腱炎と似た、別の病態で裏スジに腫れを呈したが、屈腱炎ではなかったために早期に症状も治まり、7月デビューがかなった。その後も、健康なまま走り続けて「鉄の女」の称号を得たということだと推察される。

屈腱炎を巡っては治療法においても技術革新がめざましい。強力な武器になっているのが幹細胞移植術だ。

屈腱炎の回復が長引く端的な理由は、損傷する腱という組織が再生能に乏しいからだ。例えば転んで膝小僧をすりむいたり、台所で手元が狂ったり。絆創膏を貼っておけば隠れるくらいのけがは誰しも経験があるだろう。傷ついた表皮には、血液に乗って運ばれてきた、あるいは周辺で作られた、未分化細胞が集まって皮膚を作り、傷口を埋める。組織再生には、まず未分化細胞がけがの〝現場〟に供給されなければならないが、馬の屈腱は、まず血管からして乏しい。再生中には毛細血管の新生も起こるが、一定の回復をみてからこの毛細血管も消える。こうした観点からも腱組織の再生には、他の組織にはないひと手間がかかるのだ。

足りないものを直接足してしまうという発想での新技術が幹細胞移植術だ。人医療でも近年ホットな再生医療は、馬でも部分的に応用が進んでいる。屈腱炎の治療はその代表分野で、腱組織に分化する前の幹細胞を患部に移植することで、腱組織の再生を促す試みが積み重ねられている。

一定の結果が得られても、生体内で起こっていることが、当初思い描かれたシナリオと異なることがあったりするのは、生物の面白いところだと思う。屈腱炎に対する幹細胞移植の試みは、移植しない症例よりも良好な治療成績を残せることが分かってきた。

多くの人はこう思うだろう。「移植した幹細胞がけがをした部分で正常な腱組織に分化して、屈腱が元通りになるんだね」と。よく調べてみると、どうやらそういうことではないらしい。幹細胞移植術で良好に治療が進んだ症例の回復した患部をよく調べると、移植された幹細胞に由来する細胞は非常に少ない。これは移植細胞が分化して、患部に定着するわけではないことを示している。

さらによく調べると、移植された幹細胞は、ある種の化学物質を放出することで、周囲の腱組織に対して、組織再編を促すように働きかけていることが効果の本筋であることが分かってきた（パラクライン）。

２０２４年時点では、屈腱炎の治療法研究の大きな課題はリハビリテーションの手順に関するものだ。腱組織が再生するとき、再生する細胞は腱の伸び縮みする方向をあらかじめ知っているわけではない。腱のような線維状の組織にはなるのだが、もとあった腱と同じ方向に整然と並んでくれなければ、再びバネとしては機能しなくなってしまう。ばらばらな方向に伸びた組織が患部を埋めれば、そこだけ弾性力が乏しくなる。

痛みはなくなっているから、放っておけば馬はけがをする前と同じように動いてしまう。硬さが内部と外部で異なるバネを考えてみてほしい。弾性力に富んだ部分の柔らかさを前提に大きく伸び縮みさせれば、硬い部分は容易に破綻する。すなわち屈腱炎の再発が起こる。

リハビリ過程を丁寧に追った研究から、腱組織を整然と再生させるには、患部に適度な伸展刺激を与え続けることが有効だということが分かってきた。

腱組織再生の過程では、馬の運動をコントロールし、常歩から最終目標である騎乗疾走まで、段差の低い階段をこつこつ上るように、ゆっくり、段階的に運動強度を上げていくことが求められる。

ここに悩ましい問題があった。引き馬での速歩（トロット）と騎乗運動の間に、脚元への負荷において大きな隔たりがある。従来の馬の運動では、この中間にあたるうまい運動方法が見つかっていなかった。

こうした問題を解決するのはしばしば文明の利器だ。トレッドミルの導入で、この問題は一気に解決に向かっている。トレッドミルはいわゆる〝ランニングマシン〟だ。機種にもよるが、傾斜は細かく変えられるし、ベルトの流れる速度で、馬の走る速度を細かく決められる。人は騎乗しなくても馬が勝手に走るので、脚下への負荷を騎乗運動より軽い範囲から始めて、かなり細かく段階的に調節できるようになった。

このほか、移植する幹細胞にある種の前処理をすることで、パラクラインを効率的に引き起こすことができないかといった手法の検索など、研究は多方面で着実に進んでいる。

1度損傷した腱組織を、そっくりそのまま元通りにすることはさすがに難しい。厳密な意味での完全な再生は不可能だろう。けれど、ここまで紹介した病態理解の進歩、技術革新、道具の導入などで、屈腱炎の治療の可能性はどんどん広がっている。組織再生の速度を上げるというのはさすがに難しいだろうから、将来的にも治療に時間はかかるだろう。「1度罹患してしまうと復帰しても一定の地力降下が避けられない」といった屈腱炎の課題は、着実に克服できるもののうちに入ってきつつある。

◉繋靱帯炎のいろいろ

屈腱炎と似たけがとしてよく聞くものに「繋靱帯炎」がある。読んで字のごとし、繋ぎに位置する靱帯の炎症だ。

靱帯は腱と似た線維性の組織だが、腱が筋肉と骨の間をつないでいるのに対し、靱帯は筋肉を介さず、骨と骨をつなぐ。蹄の着地時に衝撃を受けるという点では、程度の差こそあれ、屈腱と同種の物理的な立ち位置を担っているとみることもできる。だから繋靱帯炎は屈腱炎と並んで、競走馬の現役続行を阻む代表的なけがのひとつだ。

繋靱帯は前後の脚で構造が同じ。前で説明する。管骨の上の方の後面と球節関節を構成する骨の1種である種子骨をつないでいる。機能的には蹄の着地時に、球節の過剰な沈下を防いでいる。球節のクッションを裏側で支えているイメージだ。

繋靱帯炎は発症部位で3種類。最も多いのは起始部繋靱帯炎で、管骨との接続部で起こる。管骨を引きはがして剥離骨折を伴うこともある。種子骨に近い方で起こるのが脚部繋靱帯炎。周囲の骨から影響を受けて起こる。「起始部」が繋靱帯の上、「脚部」が下だ。

症例としては少ないが、やっかいなのが繋靱帯の真ん中で起こる体部繋靱帯炎。デアリングタクトが4歳春の香港遠征の後、1年以上の休養に追い込まれたのが「右前の体部繋靱帯炎」

だった。体部靱帯炎は「変性繋靱帯炎」とも言う。上下の接続部とは関係なく、靱帯組織が傷つく。繋靱帯は、ほかの動物の内側（人では掌側＝しょうそく）骨間筋の変化したものだ。そのため、靱帯としては例外的に筋線維を含んでいる。

これの中程で線維が切れるというのは、屈腱炎の発生機序を連想させる。屈腱炎の端緒は、走行時に脚部の温度上昇が起こることで、腱組織に熱変性が起こることだった。体部繋靱帯炎は症例が少ないため、復帰率や復帰後の成績統計のデータはないが、本質的によく似ている屈腱炎と同じ傾向を示すだろう。

第5章

のどの病変、傾向と対策

現役競走馬ののど（喉頭部）の疾患が、しばしばファン向けの報道でも話題に上がるのは、競走能力への影響が無視できないからだ。馬はいわゆる口呼吸ができない。鼻から肺までの気道の一部に狭窄《きょうさく》が生じると、ガス交換の効率が下がって、パフォーマンスが低下する。その狭窄がしばしば起こるのが喉頭部だ。

ファン目線で覚えておきたい喉頭部狭窄の病態は3つある。

◉喉頭片麻痺

のどには声帯と呼ばれるヒダが左右両側から張り出している。気流をぶつけて震わせ、声を出す器官だ。声を出すには気流をぶつけなければならないが、すなわち気流を邪魔するということでもあるので、当然、このヒダが張り出したままでは気道抵抗も上がる。このため、吸ったり吐いたりするのに合わせて声帯は両側から引っ張られてしっかり開けられるような仕組みがある。

喉頭部にはこの運動を無意識的に行えるような筋肉が分布していて、これを神経支配しているのが反回神経だ。反回神経の麻痺などの原因で、関連筋肉の虚脱（力が入らなくなる、収縮不全）が起こると、声帯は閉じたまま。気道抵抗が上がったままになって、喉頭部での気流を妨げる。これが喉頭片麻痺だ。

「片麻痺」というのは、ほとんどの症例で声帯の虚脱が起こるのが片側だからだ。不思議なことに左が圧倒的に多い。馬が医療行為も含めて主に左から扱われるからなどと言われることもあるが、科学的にこれだという定説はまだ見つかっていない。

この「左だけ頻発の謎」は、実は中学時代から私が大変興味を引かれていたところで、競馬の世界へ飛び込みたいというういろいろな切り口のうち、私に獣医師を選ばせた最大の動機だった。学部卒業のための卒業論文でも、ラットを使った実験ではあったが、のどの神経支配を扱わせてもらった。

声帯がうまく開かなくなるという病態なので、対処する方法は限られる。主に神経麻痺が原因だが、神経の機能再生はどこであれ難しい。虚脱が続いた筋肉も萎縮していくから、完全に元通りという状態を目標にするのはハードルが高い。

解決したいのは気道抵抗が上がることによるパフォーマンスの低下だ。閉じたままの声帯を、開けたままにするというのが外科的な対処法だ。

喉頭部は複数の軟骨が細かい筋肉でつながってできている。筋肉が収縮して軟骨同士を接近させると喉頭部の形が変わる。喉頭片麻痺の起こる直接の原因は、この喉頭周辺の筋群の一部が収縮しなくなることだ。

「喉頭形成術」はこれに対する対症療法で、問題の筋がつないでいる軟骨同士を接近した状態で固定。虚脱した筋が収縮した状態を、軟骨同士の縫合でつくるというものだ。糸で固定するのだから、当然筋がゆるんだ状態は再現しない。声帯は片方開け放しになる。

これで呼吸時の気流はスムーズな状態に戻るが、その状態は、正常なのどとは動的振る舞いが異なる。例えば声帯が片側開けっ放しになるので、食物が気道に迷入する誤嚥《ごえん》事故のリスクは若干上がる。競走馬の喉頭部は、競走中にものすごい気圧変化にさらされるため、無理はどこかにたたるようだ。

たとえば、軟骨を固定した糸が緩む、関係する軟骨の一部が変形する。そうした理由でいずれ再び気流のスムーズさは失われてしまう。適切に行われた喉頭形成術が効果を持続できるのは通常、約2年くらいだ。

以前は縫合に関係した軟骨は、サイズや軟骨自体の強度の問題から再縫合が難しく、2度目の手術は困難だった。今では、一部の症例では再縫合も可能になったと聞く。喉頭片麻痺に限ったことではないのだが、全身麻酔下で倒馬して手術することを避け、立位沈静化で局所麻酔を使った鼻から患部にアクセスする術式について、主に米国で技術開発が進んでいる。2006年の馬専門獣医学雑誌には、レーザーを使った経鼻外科手術の安全性を評価した実験的手術の結果をまとめた論文も公表されている。(P. ROBINSON et al. Equine VeteriNary

JourNal. 2006.Vol38.)。日本国内でも、米国から獣医師を招いて監修を受けた立位での喉頭片麻痺手術を行った実績が、民間大手のサラブレッドクリニックでも積み重ねられているようだ。外科技術の進歩は、喉頭片麻痺を抱えた競走馬の現役期の〝寿命〟を伸ばすことにもつながっている。

◉DDSP（軟口蓋背方変位）

この10年くらいの厩舎報道でよく聞くようになったのがDDSPだ。何の説明もなく「DDSP」と書かれることが多いが、ちゃんと日本語の病名もある。「軟口蓋背方変位《なんこうがいはいほうへんい》」。読んで字のごとく、軟口蓋が背側の方向へ位置を変える（ずれる）病態だ。

「軟口蓋」は、上顎の奥にある柔らかい部分（軟部組織）のことで、口蓋垂《こうがいすい》（いわゆる「のどちんこ」）を含む、周囲の軟部組織だ。これがその名の通り、背側、すなわち口腔《こうくう》の奥へずれこんでしまう。もともと嚥下《えんげ》時に鼻に通じる気道をふさぐ役割をしているため、テンから奥にずれてしまうと、嚥下と関係なく気道を狭めることになる。

軟部組織の変形によって起こるものだから、患部に対する外科的なアプローチも難しい。短期的な根治は難しいが、症例によっては自然に問題のないレベルまで解消することもある。場合によっては、いわゆる時間薬となることも知っておくといいだろう。

とはいえ、完全にあきらめて放っておくことも厩舎の現場としては避けたいだろう。現場でしばしば採用される対処法に舌くくりがある。舌をくくって下顎に固定することで、口腔の奥で軟口蓋と相対している舌根部を下げる。その分、軟口蓋が重力に従って下がれば、背方変位している軟口蓋による気道狭窄をいくらか軽減できるというわけだ。

厩舎が「DDSP」をアナウンスしている馬が、下見所で舌くくりしていることが観察できれば、のど鳴りによるパフォーマンス低下をいくらか改善してくる可能性がでてくるだろう。

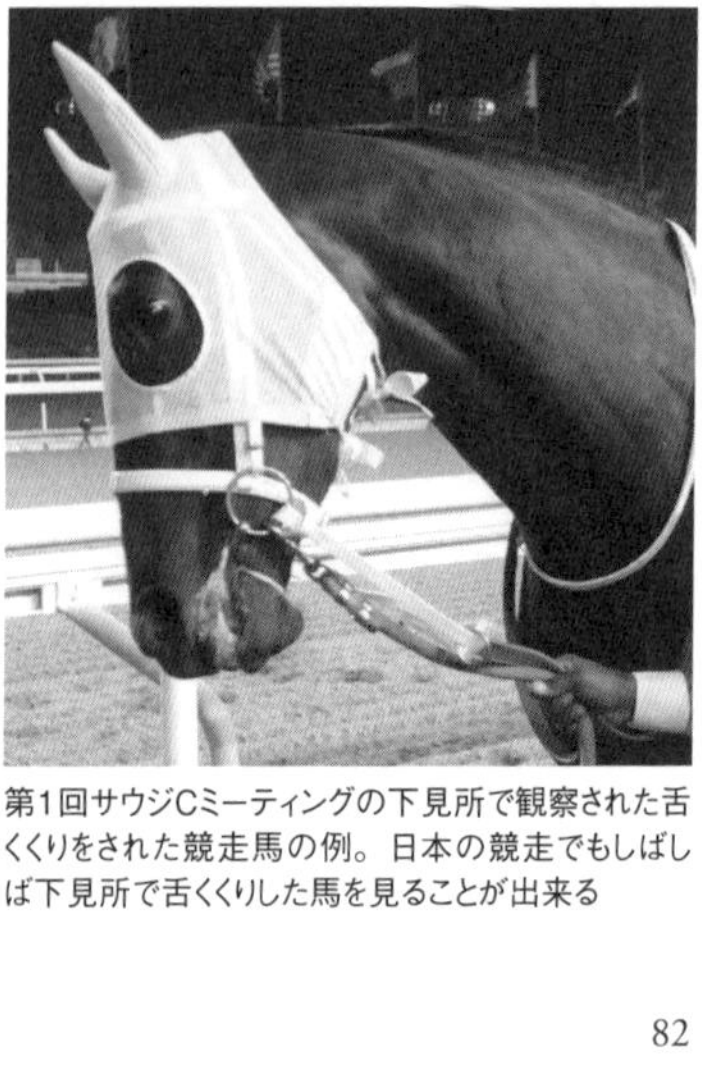
第1回サウジCミーティングの下見所で観察された舌くくりをされた競走馬の例。日本の競走でもしばしば下見所で舌くくりした馬を見ることが出来る

◉喉頭蓋エントラップメント

2020年ごろから、厩舎報道で名前が挙がるようになってきた、のどの疾患に「喉頭蓋エントラップメント」がある。グランアレグリアやゴンバデカーブースが出資者向けリリースを

報道する形で、この疾患に見舞われたことが明らかになっている。

喉頭部には誤嚥を防いでいる喉頭蓋という文字通り「蓋《ふた》」がある。これが変形する病気だ。折り鶴の首をイメージしてほしい。頭を折る直前、胴から伸びる首は真っすぐだ。頭は首の部分を開いて、内に折り込む。真っすぐに伸びる首を閉じる力で、頭は下に曲がったまま形が安定する。

喉頭蓋エントラップメントは、喉頭蓋に何らかのきっかけがあって、折り鶴の頭のようなイメージで裏返され、引っ掛かったままになる病態だ。喉頭の形が通常と異なることで気道抵抗が上がる。

対処としては手術適応されることが多い。手術と言っても、裏返って引っ掛かった喉頭蓋を元に戻すので、大きくどこかを切開したり、何かの器官を切除したり、というものではない。多くのファンが「手術」という言葉から受けるイメージより、かなり侵襲性も低い。もっとも、口からアプローチする手術なので、しばしば全身麻酔は避けられないが。

◉のど鳴り中ののどをいかに観察するか

以上、3種類ののど鳴りについて見てきたが、実際にのど鳴りの症例に遭遇したとき、どんな病態で、深刻度がどれくらいなのか調べるにはどうしているのだろうか。

診断方法としてはシンプルで、〝現場〟を視覚的に観察する。胃カメラなどの内視鏡と同じ原理のスコープを鼻から挿入、レンズを喉頭部まで届けて、のどの様子を観察する。

ただ、やっかいなことがある。例えば喉頭片麻痺では、病態の深刻度が安静時の観察では分からない。喉頭片麻痺は、安静時には正常に声帯が動いているのに、運動時には虚脱するといった段階がある。このケースで安静時に喉頭鏡を覗いても、左右とも声帯は正常に開閉しているから、喉頭片麻痺を発見するのは難しい。

のど鳴りが問題になるのは、あくまで運動時に気道狭窄が起こって、パフォーマンスを落とすことなので、知りたいのは走っているときにのどがどうなっているかというところだ。できれば全力疾走しているときに、のどを動的に観察したい。

喉頭鏡は胃カメラのような内視鏡だと書いた。だから、走っているときののどを喉頭鏡で観察するためには、馬が走っている状態でカメラを鼻から挿入しなければならない。

F12秒は分速1キロ、すなわち時速60キロ。観察者もこの速度で伴走するのは現実的ではない。

そこで第一の対策としては、トレッドミルの上で走らせつつ、観察するという方法がとられてきた。トレッドミルはいわゆるランニングマシン。あれをサイズアップさせて、馬も使えるようにしたものがある。現在は、トレーニング用にも使われるようになっている。馬がトレッドミル上で走れば、馬を運動させつつ、馬体の位置は一定の範囲にとどめることができるから、定点設置の喉頭鏡でのどの観察ができるというわけだ。

ただ、これにも問題は残されていた。トレッドミルを使った喉頭鏡診断が始まったころはトレッドミルのスペック的に、馬をフルギャロップで走らせるようなことは難しかった。馬によってはトレッドミルに習熟せず、乗せて走らせるということが難しいケースもあった。

解決の方向性は2つ。トレッドミルの機能向上と、喉頭鏡の改良だ。トレッドミルの機能向上はいまなお進行中だが、喉頭鏡に関しては小型化と、記録デバイスの小型化が決定的な技術革新につながった。

喉頭鏡を装着された馬

現在では、小型化を進め、馬の鼻面にくくりつけることができる喉頭鏡が開発されている。これなら、馬を好きな調教条件で走らせて、その際ののどの様子を記録、観察できる。これで診断精度を大幅に進歩させることができるようになった。

今では、まれに東西トレセンでも鼻面にカメラをくくりつけて馬場に向かう馬を目にすることがある。そうした馬は、なんらかののど鳴りを抱えていて、その病態を診断しようとしていることをうかがい知ることができる。

第6章

心臓と循環器系の話

サラブレッドがたぐいまれなる運動能力を発揮できる理由はいくつかあるが、心臓と循環器系が、そのサイズや機能において非常に特別なつくりをしていることを外して語ることはできないだろう。特別な事情を抱えているということには正の側面もあれば、負の側面もある。

正の側面に関しては、サラブレッドの運動能力について運動生理学の研究から、どのようなことが明らかになっているのかというトレーニング科学の項で詳しく述べた。負の側面として思いつくものはいくつかあるが、代表的なのは病気に関するものだろう。

人はとかく人を基準にものを考えがちだ。サラブレッドが循環器系に関係する病気で不運に見舞われたとき、大衆が人基準の考えで「かわいそうだ」「何か手は打てないのか」と直感的に批判的思考を走らせることはある程度仕方ないことかもしれない。けれど、我々競馬ファンは、サラブレッドのひたむきさや、そのひたむきさを可能な限り引き出し、彼らの存在を意義あるものにするべく、全力を傾けている厩舎人たちの真摯な姿勢も知っているはずだ。サラブレッドがその運動能力ゆえに抱えている、心臓や循環器系の特性を知ることは、ファンがよりいっそう、サラブレッドのあり方を肯定的に受け取って、彼らのひたむきさに胸を打たれることにつながるはずだ。

◉生物が「電気」を使う仕組み

生物の中のことなので、意外に思われるかもしれないが、心臓の動きは電気で制御されている。いや、心臓だけではない。神経伝達も電気信号でコントロールされている。実は、基本的な仕組みに関しては高校生物で学ぶ。電気を使う仕組みは筋肉より神経の方が典型的で分かりやすい。

神経は脊椎動物の体内情報伝達手段の中で、最速なものである。基本的な仕組みは電気的な制御だが、もちろん物理の電磁気学で扱うような導線に電圧をかけるような仕組みではない。発電機や電池もない生体内で、電気的な仕組みをどのように成立させているのだろうか。原動力は熱力学第2法則（エントロピー増大の法則）だ。高校物理の熱力学では、真空状態のフラスコと、気体が入ったフラスコをつないだところから、中央のコックを開放したとき、片方のフラスコから真空だったフラスコへ気体が一気に広がっていって全体の圧力が均等になって安定する「自由膨張」という現象を扱った。熱力学第2法則の意味付けはいろいろな言い方がされるが、その中のひとつに（そしておそらくこれが一番、有名だと思われるが）「物事は乱雑さが増大する方向に進む」というものがある。

自由膨張では、2つのフラスコが空間的につながった瞬間、気体分子が片方のフラスコに偏在した状態にある。コックは開けられたので、気体分子は物理的に両フラスコの間を自由に行き来できるという条件が作られた。2つのフラスコを合わせた空間において、気体分子の配置は、どの区画をとっても存在する分子数が正規分布に従うような、ランダムな状態がもっとも〝乱雑さ〟が大きい。そういった状態では圧力はどこでもおおよそ一定と見なせる。

熱力学は何も入試物理で扱うような理想的な条件設定だけでしか適用できない理論ではない。およそ自然界のほとんどをカバーできる、非常に普遍的な理論だ。高校物理では「熱分野」などと呼ばれ、ほとんど脇に追いやられている熱力学だが、それゆえ大学教養課程ではしばしば（特に物理系学科では）真っ先に重要な必修単位として学生の前に立ちはだかる。高校で熱力学の扱いが軽いのは、きちんと理論立てて理解し、運用するためには微分積分を使った記述が避けられない（高校物理では「微分積分を使わない。もちろん微分方程式も扱わない」というやっかいな取り決めがある）ためだが、大学教養課程では「みんな微積は当たり前にできるよね？」という前提で語り始められるから、そのギャップに学生はしばしば苦しめられる。

生物内の電気刺激の発生も、自由膨張と似た現象が使われている。以下、高校生物の教科書で語られる神経細胞の細胞膜電位の変化に、熱力学のイメージを加えて解説する。主役はカリウムイオン（K^+）とナトリウムイオン（Na^+）だ。これらを細胞内外でやりとりすることで細胞膜の内外の電位を変化させている。

細胞膜は脂質2重膜。細胞内外で体液と触れている部分は長鎖脂肪酸だから電気的に中性だ。Na^+やK^+は正に帯電しているので、原則として電気的に中性な細胞膜を突破できない。

両イオンは細胞膜を勝手には突破できないが、細胞膜上にはこれらを内外でやりとりできるような通り道（チャネル）が用意されている。K^+にはカリウムチャネル、Na^+にはナトリウムチャネル。それぞれ、当該のイオンだけが通過できる。カリウムチャネルは普段開いているが、ナトリウムチャネルは普段、閉じている。

これとは別に細胞内のNa^+を細胞外へ、細胞外のK^+を細胞内へ交換するように運ぶポンプ（ナトリウムポンプ）がある。これがせっせと働くと、細胞外にNa^+、細胞内にK^+が偏って存在する状況が作られる。ナトリウムチャネルは閉じているからナトリウムポンプで細胞外に出されたNa^+は容易には細胞内に戻ってこられない。カリウムチャネルは開いているので、ナトリウムポンプの働きで細胞内に運び込まれたK^+は一定量、カリウムチャネルを通って細胞外に出ようとするが、それでもK^+の濃度は内外均等にはならない。カリウムチャネルの〝出口〟にK^+があると、どちらもプラスに帯電している粒子だから電化同士のクーロン力は反発する方向に働いて（斥力）跳ね返されてしまうことがある（電気反発力）。これはK^+の通り道が、位置的にカリウムチャネルに限られているから起こる現象だ。結果、膜の内外の電位は外が少し＋、

【図1】静止膜電位における神経細胞膜周辺のイオン分布

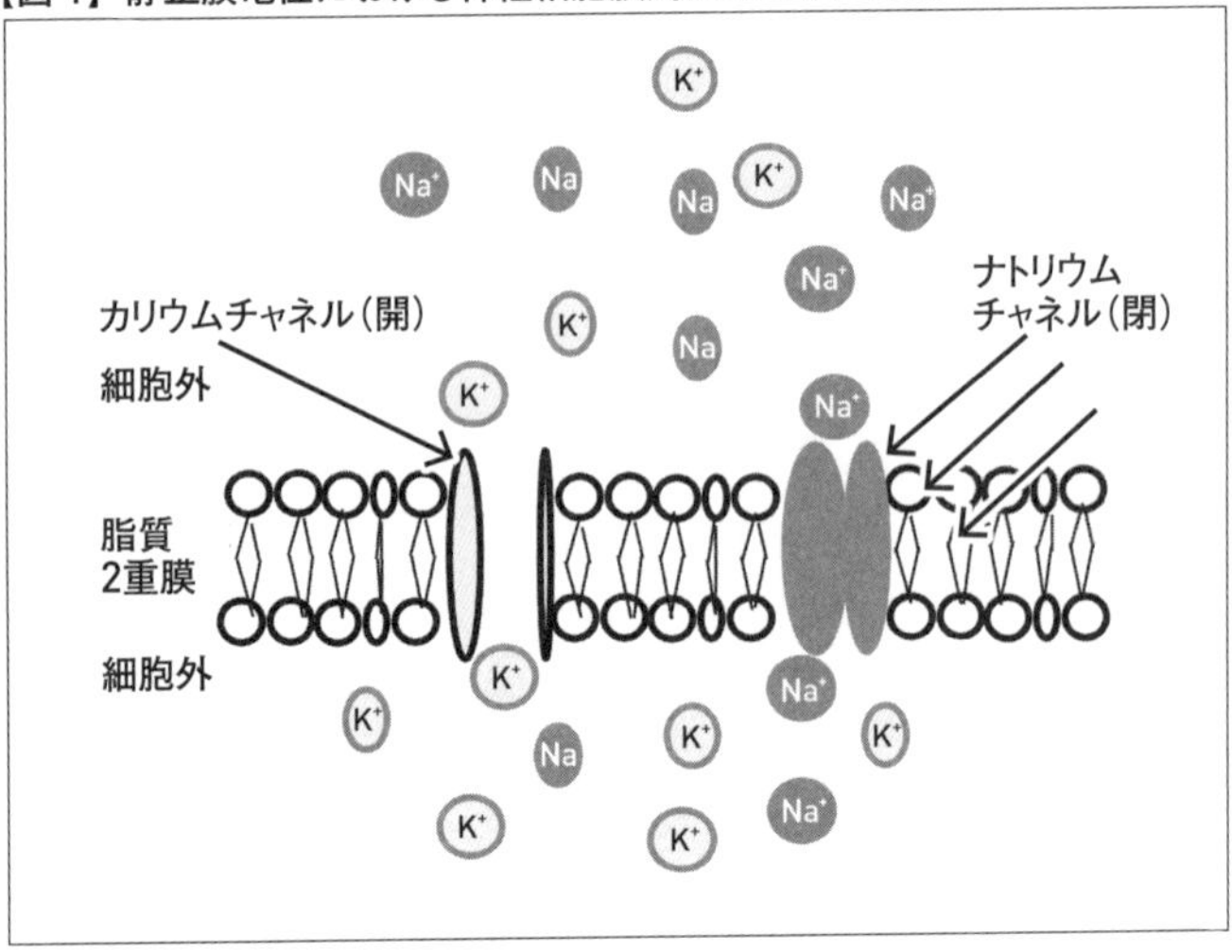

内が少し－の状態で安定する。（図1）

この状態を「静止膜電位」と言ったのだった。電位としてはほとんどの生物で共通していてマイナス70ｍＶ程度、すなわち若干負に偏っている。

神経細胞が伝達上位の神経からの電気刺激や、神経末端での物質のやりとりによる信号などを受け取ると、開いていたカリウムチャネルを閉じると同時に、それまで閉まっていたナトリウムチャネルを開放する。これでちょうど、自由膨張における「コックを開ける」のに相当する現象が起こる。Na^+には細胞内外で、外に濃く、内で薄いという濃度勾配が作られていたので、熱力学第2法則に従って細胞外のNa^+が一気に細胞内に流入する。この動きは電気現象として見れば、細胞外に

【図2】ナトリウムチャネル開放、カリウムチャネル閉鎖による活動電位の発生

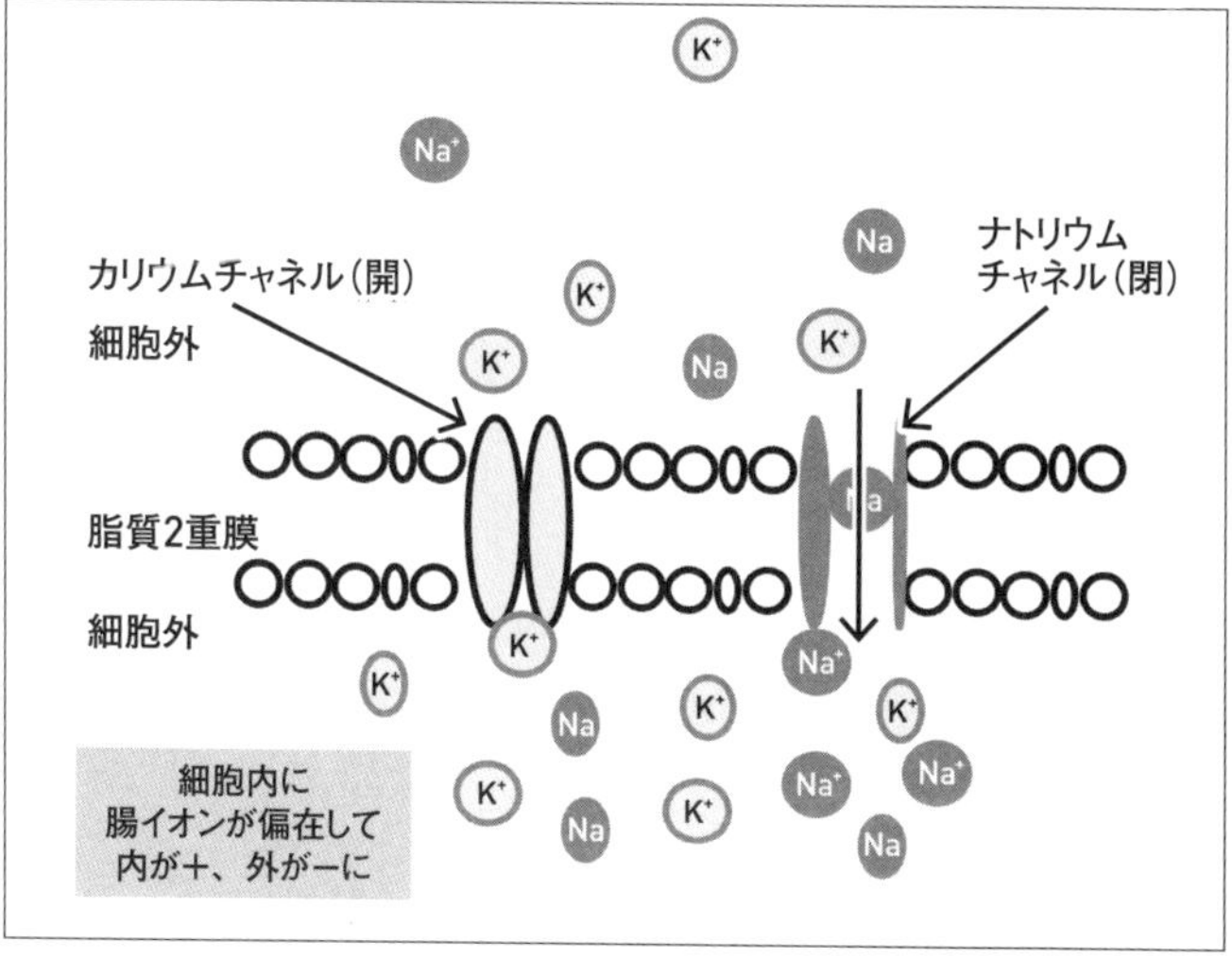

あった正の電荷が細胞内に急速に流入していることになる。当然、細胞膜内側の電位は一気に正の方向に振れる。

細胞膜内の電位が上がると、これが刺激になっていったん閉じたカリウムチャネルは開放され、逆にナトリウムチャネルは閉じる。今度は膜内外の電位差が大きい状況で、正の電荷を運ぶことのできるK^+が、膜内外で自由に行き来できる状況が作られたわけだ。同じように熱力学第2法則は、内外の電位を均等にする方向に働く。細胞内から出て行けるのはこの時K^+だけだから、K^+が細胞外に出て行って細胞膜内外の電位差が小さくなる。

この段階では細胞膜上の電位は元の静止膜電位付近にまで戻るが、最初の状態と比べるとNa^+とK^+の配置が逆転した状態になっている。

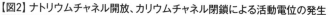

ここから2つのイオンの配置が初期状態と同じになるよう、ナトリウムポンプがせっせと両イオンを交換する。最終段階のナトリウムポンプの働きが終わるのには一定の時間がかかる。この間は、外から電気刺激を受け取っても、この神経細胞は反応できない。Na^{+}とK^{+}の配置が逆転した状態では、Na^{+}が細胞外に偏在しているという前提条件が作られていないので、ナトリウムチャネルを開放しても、Na^{+}の外から中への流入が起こらないからだ。熱力学第2法則が、時間的に逆の反応（均質→局在）を許さないというところがここで利いている。この、ナトリウムポンプが初期状態を再現するまで神経細胞が次の反応を起こせない時間を「不応期」という。

神経細胞の膜上で起こっていることをミクロな視点で見るとNa^{+}とK^{+}の移動という、化学的な現象だが、マクロな視点で見ると、神経細胞がいわば〝電線〟のように働いて、電気信号を伝えるということが実現されるわけだ。

筋肉の収縮にも、その起点には神経が活動電位を生じさせるのと似た機構が備わっている。関与するのはやはり細胞内へのNa^{+}の流入だが、細胞内ではカルシウムイオン（$Ca2^{+}$）が筋線維同士のかみ合い方を変化させる（高校生物ではアクチンのミオシン間への「滑り込み」として、この変化を学ぶ）ように働いている。やはりミクロな視点では陽イオンの関与した化学的な現象だが、マクロな視点では電気制御ということになる。

◉心臓をコントロールする〝電気回路〟

サラブレッドの心疾患としてファンがよく見聞きするものに心房細動がある。これは心臓の動きを制御している電気回路がいわば〝ショート〟して起こるエラーだ。

全身から帰ってきた静脈血は最初に右心房に入る。右心房に接続している静脈と右心房の境目あたりにある洞房結節という領域に特殊な細胞（ペースメーカー）があり、定期的な電気信号を出している。心臓内にはこの電気信号を伝える「刺激伝導系」と呼ばれる〝電線〟のような構造があり、心臓各部に電気信号を届けて、全体の動きを規則正しくコントロールする。

この〝電線〟を通る電気の流れが混乱すると、心臓の動きも乱れる。洞房結節から発せられた電気信号は本来、一方通行なのだが、行った先で別の〝電線〟を刺激。電気が意図せぬ回路をグルグル回ってしまうエラー（リエントリー）が起こることがある。

心房内でリエントリーが起こり、心房の収縮が小刻みに不規則となるのが心房細動だ。心房での現象だが、心臓による血液の拍出が全体として滞る。馬での最も古い報告は1911年の英国だが、競走中の競走馬での発症が心電図によって発見されたのは1974年。ＪＲＡが世界に先駆けた発見だった。88～97年のＪＲＡ出走のべ40409０頭を対象とした疫学調査では123頭で発生。発生率は0・03％だった。うち114例（92・7％）が24時間以内に治療することなく、正常な心臓の動きに戻っている。心房細動のほとんどは48時間以内に正常な心拍を取り戻す発作性のもので、ほとんど予後は良好だ。

だから、馬券検討においては大原則としてフィジカルな側面に関して、発症後に何か割り引くべき材料にもならない。競走馬の心房細動は競走馬の心臓内で起こる電気回路の混乱で、発症するかどうかはほとんどくじ引きだ。それまで患った経歴（既往）などから予期することも難しい。これは「競馬に絶対はない」という格言の正当性を補強する材料でもある。

気にとめておいたほうがよいことは、競走中の心房細動を発症したことのある馬への心理的な影響だ。全力疾走中に心房細動を発症すると、心肺機能が非常に苦しい状態に陥る。

心拍出がままならず、筋肉に十分なエネルギーが供給できない状態に陥るから、馬の体は呼吸量を上げて補おうとするがそれも心臓がまともに動かなくなっているのだから状態の改善につながらない。さらに呼吸量を上げようとしてどんどん苦しくなる。

心房細動発症は馬にこうした一過性ではあるが非常に苦しい思いを経験させることになる。馬は非常に頭のよい動物なので、「全力疾走したらとんでもなく苦しい思いをした」ということを学習してしまうと、そもそも全力疾走することをいやがるようになる可能性がある。心房細動によらずとも、しばしば全力疾走を忌避するようになる馬がいるが、それと同じように、肉体的には走れるのに、肉体的な力を出し切らなくなってしまうということが起こりえる。

ここは丁寧なメンタルケアでこうした状態に陥るのを避けるべく努力するほかない。仮に、実績豊富な有力馬が心房細動の発症を境に、まるで走らなくなってしまうようなことがあれば、一般には立て直すのに相当に時間がかかる。この種の凡走癖は、いかに馬っぷりがよくなったり、腰回りが充実したりといった肉体的な要因での買い材料が集まっても、結果に結びつきにくいということを覚えておくとよいだろう。

大半は治療らしい治療をほどこさずとも、正常に回復する心房細動だが、中にはまれに元に戻らない持続性のものがある。こちらは「病気」として注視してあげなければならない。早期に電気刺激(除細動)や薬物投与による治療にかかるのが望ましい。

しかしやっかいなことに初発時には、このまれな持続性心房細動を見分けるのが難しい。ほとんどの症例は発作性だから、積極的な治療は望ましくない。でも、まれな持続性心房細動だったら「早めに手を打った方がよかった」となる。

臨床家は諦めない。心電図から、この2つを見分けられないかという試みが、2022年11月末のJRA「第64回競走馬に関する調査研究発表会」で報告された。

心電図は1拍ごと、ほぼ同じ形の波形を繰り返しているように見えるが、実は1拍ごとに微妙な揺らぎがある。その揺らぎも、長い目で見ると周期的に繰り返された波としてとらえることができる。心房細動に陥った状態の心電図も同じだ。波形を十分な長さで記録したデータからこの周期を解析する（高速フーリエ変換による心拍変動解析）。

人では心拍変動解析から心房の状態を推察する方法が確立されており、これが馬に応用できないかという検討だった。既存の症例から、検討に適当な生データが残っていた18頭（発作性12頭、持続性6頭）の比較で、初発時の心電図から両者を見分けられそうな結果が得られた。

今後、競走中の心房細動を発症した馬について、発作性だからと自然治癒を期待して大丈夫な例と、早期に手を打つべき例は、一定の根拠を持って鑑別できるようになっていくだろう。臨床家の不断の努力によって、競走馬の福祉は着実に前進している。

◉まれに起こる心不全。スキルヴィングは助けられなかったのか？

2023年日本ダービー、入線後に大観衆はショッキングなシーンを目の当たりにした。青葉賞のジンクスを破らんと世代の頂点を目指したスキルヴィングが、ふらふらになりながら歩を緩め、1角手前のラチ沿いで転倒。そのまま死んでしまった。

死因は急性心不全。直後、さまざまな意見が飛び交った。競馬がそもそも馬の酷使だというヒステリックなものはその典型だろう。これに関しては、獣医師の端くれとして明確に反論しておきたい。

同年11月末のJRA「第65回競走馬に関する調査研究発表会」で、サラブレッドの心臓突然死に関する疫学調査が報告されている。念のために付記しておけば、この研究計画が立てられたのは同年日本ダービーより前であり、スキルヴィングの悲劇を受けて言い訳のように用意されたものではない。

調査では2001〜2022年にJRA施設内で「急性心不全」または「心不全」と診断された症例を抽出し、統計している。罹患馬の性別や年齢、体重、所属の東西、出走競走の馬場状態やクラス、距離などの条件、発症時期などのデータを整理し、それぞれのファクターが発症リスクとして、どの程度関与しているかを統計解析している。

調査期間中の発症例は199頭。年平均10頭弱が発症している勘定になる。リスク要因となりうるかもしれないという統計結果が導き出されたのは体重、年齢、競走クラス、性別、馬場の種類（芝・ダート）だったが、5%に設定された有意水準を突破して、リスク要因と言えたのは体重のみ。

おおむね490kgより大きな馬は449kg以下の馬に比較して2・33倍（95%信頼区間は1・07−5・05倍）の発症リスクを示した。この研究では、体重が心臓のサイズを介して、発症リスクを上げている可能性に言及していた。

同様の疫学調査は英国や豪州でも調べられていて、発症率は平地で0・007〜0・008%

程度。これはこのＪＲＡでの疫学調査の０・００６％とほぼ同程度と見なせる。海外では、年齢や季節、競走距離がリスク要因となる可能性が指摘されていたが、ＪＲＡの調査では有意差がついていない。

注目すべきなのは、ＪＲＡの調査した１９９症例について、調教時の発症が１１８頭と過半数を占めていることだ。心臓への負荷は、調教中にいかに一杯に追おうと、競走中のものより大きくなることはまずない。調査症例の過半数が調教中のものであることのほか、競走前の発症例もあった。これらの事実はサラブレッドの心不全が、必ずしも心臓への大きな負荷がきっかけとなって起こるものではないということを示唆している。発症の大きな要因はほかにあると考える方が自然だ。

この視点をすっ飛ばして、感情的に「間隔が詰まっているから」「長い距離を走らせるから」という批判で、正しい発症要因を追究する手立てを絶ってしまうと、サラブレッドたちの心不全を発症するリスクを下げるという、本来目指すべき目標に到達することはできない。エヴィデンスを見ない感情的な批判・非難は、それが動物愛護を志向したものであったとしても、かえって動物の福祉を低下させることにつながる。動物福祉の向上は、冷静な科学的な視点を抜きに、実現させることはできないと、私は思う。

◉馬用ペースメーカーやＡＥＤはなぜ作られないのか？

心疾患への対処法としては、人では高齢者の慢性心不全に対するペースメーカーや、急性心不全に対するＡＥＤなどが広く使われている。どちらも心臓が電気でコントロールされていることを応用したものだ。ペースメーカーは洞房結節が本来、規則正しく発する電気信号に乱れが生じるようになってしまったために起こる心臓の不調に対して、整った電気信号を発する機械で洞房結節の不調を代行させようとする機械だ。ＡＥＤは心室を含めて拍動が滞ってしまった状態の心臓に、強めの電圧をかけることで電気的なコントロールの状態をいわば〝リセット〟し、正常な拍出リズムに戻すよう働きかける。

近年、馬の福祉向上の取り組みが着実に進み、養老牧場で高齢まで生き延びるサラブレッドが増えてきた。こうした社会変化を背景に、馬の死因として「加齢性の心不全」が診断されるケースがちらほら見られるようになった。例えば２０２２年、ゼンノロブロイが22歳で天寿を全うした際も、発表された死因は「加齢性の心不全」だった。

ＳＮＳ隆盛の現代は、こうしたニュースに関してもファンの反応が観察できるようになった。この訃報に際して驚いたのは「22歳、まだ若いのに」という反応が少なからず寄せられていたことだ。サラブレッドの22歳は特筆すべき長寿でもないが、特段短くもない。死因は加齢性の心不全で、老衰の一形態ととらえてもいい。

同じく現役時に藤沢和雄厩舎だったタイキシャトルが同8月に昇天し28歳。比べられた側面も大きいかもしれない。長寿の例としてはシンザンの35歳は有名だし、ウマ娘の影響もあって人気再燃ナイスネイチャはトウカイテイオーの世代。2023年5月に老衰で天に召されたが、35歳だった。その母ウラカワミユキは36歳まで生きた。しかし、サラブレッドが30歳を超えるのはかなりまれな例だ。

記者の出身研究室ではシンザンについて最晩年の心電図データをまとめていた。測定対象がシンザンということもさることながら「30歳を超えるのもまれ。30代半ばまで生きているのは得難い」という学術的意義が大きかった。

では その後、30歳を超えるサラブレッドがしばしば出てきたのはなぜなのか。実は、獣医学や飼料管理技術などが進歩して、馬の寿命自体を伸ばせるようになったということではない。大きな要因は「高齢まで飼養管理してもらえるサラブレッドが増えた」ことだ。

このとき、調教師や、現役で馬の臨床現場にいる獣医師にも複数意見を求めたが、おおむね同じ意見だった。高齢馬は用途がなくなる。繁殖を引退したり、乗馬としての使役に肉体的に耐えられなくなったりすると、飼養管理にかかる経費を支える用途がなくなる。それでも飼い葉代や、厩舎・馬房・放牧用地にかかる不動産経費は発生する。これを誰かが負担しなければ、高齢馬は生き永らえられない。

日本のサラブレッドの長寿記録がシンザンだったのは、自身の生理学的背景と同じくらい、彼が「日本競馬の誇る5冠馬だった」という理由が大きい。

用途がなくなっても飼養管理してもらえるサラブレッドの数が増えたことで、30歳を超す例が複数、耳目に触れるようになった。ゼンノロブロイの天命22歳を「早世」と感じる人が出てきたのは、サラブレッドを取り巻く社会環境が、少しずつ好転していることを示している。

しかし、だからこそなのだろう。「加齢性の心不全」に対して、馬が手立てなく死んでしまうことに疑問を持つファンも当然、現れる。人では多くの「加齢性の心不全」に対して、治療の手だてがある。ペースメーカーだ。獣医療でも、例えば犬ではかなり前から使われている。馬での応用例はない。

馬用のペースメーカーが開発されないのはなぜなのか。最も大きな理由は経済だ。開発には億の単位の資金が必要だが、用途のなくなった馬の延命のために、そんなレベルの金を出す人はいない。

ただ、お金に糸目をつけないオーナーが現れたり、クラウドファンディングなどでお金が集まったとしても、現在の社会状況では「馬のペースメーカー」の開発は難しい。開発のための実験計画が社会的な制約で難しくなっている。

開発するなら、人用ペースメーカーを、成人の頭ほどのサイズの馬の心臓に応用できるよう改良することになるだろう。けれど、近年の医療機器販売の規制厳格化によって、そもそも起点となる人用ペースメーカーを、開発者は売ってもらえない可能性が大きい。

首尾よく入手したとしても、動物愛護の規制が高いハードル。改良とはいえ人用の機器を動物実験に供することになる。動物愛護上の問題がネックで許可されない可能性も小さくない。

医療技術開発には実験動物の命の犠牲が避けられない。人用の技術開発では「人＞実験動物」という覆しがたい命の重さの不等式が免罪符になる。獣医領域では、どちらが大事かという問いの答えは、立場によって異なる。あえて「こっちだ」と言うのは、どちらの立場も命の選別にほかならない。

でも、人に愛され、生き延びさせたいと思われる馬は現にいる。実験動物の利用を「人間の業《ごう》」と理解した上で、その〝選別〟が行われるなら、許容されるべきなのではないかと、個人的には思う。

スキルヴィングが急性心不全に倒れた直後にも「馬用ＡＥＤはないのか」「開発できないのか」というファンの声がＳＮＳ上を飛び交った。もっともな疑問だと思う。

技術的には非常に難しい。体毛がほとんどない人間と違って、馬は体表に被毛がある。そして（ＡＥＤの開発可能性という1点に限ってではあるが）不都合なことに馬は汗をかく限られた動物だ。疾走中に急性心不全を発症したケースでは、被毛の間に汗が大量に含まれている。汗は電解質に富むから、特段何も溶けていない水に比べて電気を通しやすい。馬の心臓は非常に大きいので、いざ有効なAEDを開発するとなると、必要な電圧も人用AEDより大きくなるだろう。被毛の中に電気を通しやすい汗が多量に含まれている状態で、高電圧をかけるのは、そのAEDを取り扱う人間を危険にさらす。

だから、仮に馬用AEDができたとしても、電圧をかける部分を広く、丁寧に剃毛し、作動中に汗が出てこないように水冷するなどし、さらに皮膚表面を乾いたタオルでしっかり拭くという前準備が必要になるだろう。安全にAEDを作動させられるまでにかなり時間がかかる。急性心不全をAEDで救命する時、一刻を争うのはご存じの通りだ。AEDを作動させるまでの時間を大幅に短縮するなにがしかの革新的アイデアが必要になる。

ただ、仮にそんなアイデアがひねり出されたとしても、「馬用AEDを開発する」という研究自体に、大きな壁が立ちはだかる。

第一に競走中の急性心不全が非常にまれだ。致死性の心不全の多くは心室が正しいリズムとは異なるタイミングで収縮する（心室性期外収縮）。加齢性の慢性心不全であれば、普段の心電図から心臓で何が起こっているのか検討もできる。一方で、現役馬が競走中に起こすと、多くの場合、心停止まで時間がない。急性心不全の心電図データを得るのは現状難しい。

こうした事情で、サラブレッドの心室性期外収縮に部分的にでも触れた論文自体がわずか2本しかない。アイルランドの外科が報告した運動時心筋梗塞の報告と、カナダにおける繋駕（けいが＝馬車）競走での走行中心電図の解析のみだ。

馬の心臓において心室性期外収縮が起こるとき、生理学的、病理学的にどのような現象があるのか（研究に蓄積がある）人と同じかどうかも危うい。だから、AEDのような救急法を考えるためには、馬における急性心不全の基礎データは必要不可欠だ。

仮に、人間と同じ仕組みのAEDが有効だったとしても、馬の心臓サイズで有効な電圧・電流値を検討するために馬での実験が必要だ。運動中に心室性期外収縮を起こさせる実験が物理的に可能だとしても、動物愛護上のハードルが大きく現実的ではないだろう。

さらに人用AEDの改良・転用という実験系をデザインするためには、再び動物愛護のハードルが立ちはだかる。そうした研究に人用AEDが流用されることは、AED入手の段階でも、実験計画の段階でも許されない可能性が大きい。

ペースメーカー開発について紹介した事情と多くの点が共通する。動物愛護上の動機から、馬たちの救命法の研究をしたいと思っても、別の動物愛護上の理由がこれを阻む。「馬にAEDは作れないの？」という疑問は「動物愛護とは何なのか？」という、哲学的な問いも社会に問いかけている。

第7章

血統を正しく理解するための遺伝学

競馬予想の重要な切り口のひとつに「血統」がある。競馬という文化は、サラブレッドをより速く走れる品種としてブラッシュアップしていく育種の過程。血統が競走結果を予測するのに重要な位置を占めるのは明らかだ。しかし、「血統予想」の文脈は多分に文学的で、生物学的に正しい遺伝学を背景に合理的に考えられているというケースは少ない。小難しそうに聞こえるかもしれないが大丈夫。たかだか、高校生物の範囲の知識を正しく学ぶだけでも、血統表の見え方がずいぶんと変わってくるはずだ。

◉「メンデル遺伝」は原理から理解しよう

遺伝学の祖は19世紀オーストリアのグレゴール・ヨハン・メンデルだ。現在のチェコに生きた人で、本業はカトリックの司祭。当時の修道院は学術研鑽の場でもあった。メンデル自身はウィーン大学に2年間留学し、生物学のほか、物理、数学も学んだようだ。

メンデルの仕事の最も重要な点は、遺伝の仕組みとして「遺伝子」を想定したモデルを確立したことだ。

メンデル以前にも遺伝現象自体は広く知られていたが、遺伝形質が液体のように連続的に混ざり合わさるようなイメージで理解されていたようだ。対してメンデルは遺伝現象を非常にシンプルなモデルに落とし込んだ。遺伝情報の乗った原則2つ1組の粒子状の遺伝子が親子で受け継がれることで、形質が受け継がれたり、変化したりする。

高校生物ではメンデルがエンドウ豆を使った実験をなぞって、対立形質がある遺伝子について、継代するとそれぞれの形質が1：1や3：1の割合で出現する結果を学ぶ。分子生物学のレベルでの遺伝子の振る舞いも高校段階では理系学生に限って後に学ぶが、基礎的レベルの教科と、理系学生がより専門的に学ぶレベルの教科で学ぶ内容が分けられているので、時にメンデルの遺伝法則自体は、形質の分かれる割合について、丸覚えで乗り切るという教え方になることがある。

これは本質的な理解を妨げるので、あまりうまくないと個人的には思う。例えば、メンデル遺伝を学ぶ際、遺伝子には顕性遺伝子と潜性遺伝子があるというのを基本事項として教わる。

私の世代では優性と劣性という用語を使ったが、その後「実態を表す、より適当な用語を」と、「顕性」、「潜性」という用語に変わった。ひとまず、現状を踏襲して、以降も顕性、潜性という言葉で進めよう。

顕性遺伝子は2つ1組の遺伝子のうち、少なくとも片方に入っていれば、その形質が発現する。対して、潜性遺伝子は2つ1組両方が潜性でそろわなければ、その形質は発現しない。

高校生物では残念ながら、これがどういうことなのか、本質的な理解を促すような教え方はされていないように思う。実は、高校生物の課程の範囲でも、自ら考え、より深い理解を目指せば、本質的な理解にたどり着けるようにはなっているのだが、そのように導かれる教え方は、あまり広く流布していないように思う。

幸か不幸か私は1浪して、2つの予備校で東大理系生物の講義も取ったが、少なくとも当時は、メンデルの遺伝法則と、分子生物学をリンクさせて深く理解できるようなテキストにも講義にも出会わなかった。以下は、予備校時代に自らたどりついた理解をベースに、大学でも獣医学を学んだ段階で、高校生物を振り返って、このように理解すればよかったのだと、確信を持ったメンデル遺伝の仕組みについての理解である。

◉分子生物学からメンデル遺伝を理解する

主に理系高校生が学ぶ高校生物では、遺伝情報がいかに生物の代謝に影響するかという仕組み「セントラルドグマ」を学ぶ。

遺伝子が物質的にはDNAであることは、少なくとも字面としては広く知られているだろう。DNAはA（アデニン）T（チミン）G（グアニン）C（シトシン）4つの異なる塩基の羅列。4進数で書かれたコードだとも理解できる。

【表1】DNAからm RNAへの転写における各塩基の対応

鋳型DNA		mRNA
A	－	U
T	－	A
G	－	C
C	－	G

【表2】mRNA からアミノ酸への翻訳対照表。通称「標準コドン表」

UUU	フェニルアラニン	UCU	セリン	UAU	チロシン	UGU	システイン
UUC		UCC		UAC		UGC	
UUA	ロイシン	UCA		UAA	終始コドン	UGA	終始コドン
UUG		UCG		UAG		UGG	トリプトファン
CUU		CCU	プロリン	CAU	ヒスチジン	CGU	アルギニン
CUC		CCC		CAC		CGC	
CUA		CCA		CAA	グルタミン	CGA	
CUG		CCG		CAG		CGG	
AUU	イソロイシン	ACU	トレオニン	AAU	アスパラギン	AGU	セリン
AUC		ACC		AAC		AGC	
AUA		ACA		AAA	リシン	AGA	アルギニン
AUG	メチオニン*	ACG		AAG		AGG	
GUU	バリン	GCU	アラニン	GAU	アスパラギン酸	GGU	グリシン
GUC		GCC		GAC		GGC	
GUA		GCA		GAA	グルタミン酸	GGA	
GUG		GCG		GAG		GGG	

＊メチオニンは開始コドンを兼ねる

DNAは細胞の核内にあり、mRNA（メッセンジャーRNA）に転写される。mRNAはAUGC（チミンの代わりにU＝ウラシル）の4つの塩基が並んで構成されている。DNAの4つの塩基は化学的にそれぞれくっつける相手の塩基が決まっている（表1）。したがって、DNAから転写されたmRNAはDNAの4進数コードを表1の関係にしたがって〝裏返し〟にしたコードになる。

転写によって作られたmRNAは3つ1組のコードによって、それぞれ1つのアミノ酸が対応している（図2）。mRNAは核から出て、細胞内のリボソームに移動する。mRNAが「メッセンジャー」と名付けられているのは、DNAがコードしている3つ組暗号を、文字通りメッセージとしてDNAの居場所である核内から核の外に持ち出す働きをしているからだ。

リボソームには周辺からtRNA（トランスファーRNA）が集まってくる。tRNAは片方の端に表2の3つ組暗号をコードした塩基配列、もう片方の端に対応するアミノ酸を結合する構造をしている。mRNAの3つ組暗号と合致するtRNAが該当の部分に結合していくと、tRNAのもう片方の端には3つ組暗号に対応したアミノ酸が整然と並ぶことになる。整然と並んだアミノ酸は隣同士で結合して、アミノ酸の鎖ができる。これがタンパク質だ。tRNAが「トランスファー(=翻訳家)」と名付けられているのは、DNAおよび、これを核外に持ち出したmRNAの3つ組暗号を、アミノ酸の配列に「翻訳」する働きをしているからだ。

かくしてDNAがコードしていた4つの塩基で表された4進数の情報は、アミノ酸配列という形で特定のタンパク質に変換される。

生体内で使われるアミノ酸は20種。20種のアミノ酸が狙った配列(高校生物で「1次構造」と呼ぶのはこの配列のことだ)でつながると、部分的な電気的な偏りや、水との親和性、あるいは唯一硫黄が含まれているアミノ酸であるシステインに関して、システイン同士で硫黄を介した強い結合(S-S結合)が生じるなどして、局所的な立体構造(高校生物ではこれを「2次構造」と呼ぶ)を作り、全体としては自然に特定の立体構造(同じく「3次構造」と呼ぶ)を作り、タンパク質が作られる。

タンパク質の機能のキモは立体構造だ。生体内で反応が起こる仕組みの多くは、タンパク質の立体的な形がカギになっている。仮に、DNAの複製ミスなどが原因で、作られるタンパク質のアミノ酸配列が一部変化すると、しばしば全体の構造も大きく変わってしまう。こうなると、作られたタンパク質が当初期待されていたように機能しないということがしばしば起こる。

作られたタンパク質の働きとして代表的なものが酵素だ。生体内の化学反応を触媒する。正常に作られた酵素は正常に生化学反応を進めるが、アミノ酸配列において〝間違い〟が生じると、正常に機能しないタンパク質がつくられる。

実は、少なくない種類の潜性遺伝子がコードしているのは、こうした事情で（ある意味無駄に）作られる「機能しないタンパク質」だ。

非常にシンプルなモデルを考えてみよう。脊椎動物（ひとまずイメージとしてはマウスでも犬でも馬でもなんでもいい）の1つの遺伝子「A」がコードする酵素が、毛根に黒色の色素をつくる反応を司っているとする。ある系統ではAの遺伝子コードに複製ミスが起こっていて（遺伝子としては「a」と呼ぼう）、ここから作られるタンパク質がその酵素の働きを失っているとしよう。

遺伝子型「Aa」の個体では、遺伝子「A」があるので、正常に働く酵素を細胞内でつくることができる。正常に働かないa由来のタンパク質も同居している状態だが、酵素反応の多くは、酵素の量が多少減っても反応速度に大きな影響は起こらない（もちろん、場合によっては酵素の量や、対立遺伝子aの量が問題になるケースもあるが、ひとまずそうしたケースは脇に置こう）。

したがって、遺伝子型「Ａａ」の個体は毛根で黒色色素が正常なレベルで作られる。これがメンデル遺伝における「顕性の法則」が起こるメカニズムだ。

遺伝子型「ａａ」の個体は、件の黒色細胞を作り出すための正常な酵素を作れない。したがって、遺伝子型「ａａ」の個体は、表現型として、毛が白くなるなど、黒色色素がなくなった状態が表れる。これが「潜性遺伝子」が、２つそろった状態（ホモ）でなければ、表現型に表れてこない理由だ。

◉毛色を巡る遺伝様式。典型的な鹿毛と栗毛

サラブレッドにおいて遺伝様式がよく研究されているテーマに毛色がある。このうち、鹿毛と栗毛の関係は典型的にしてシンプルな遺伝様式だ。鹿毛が顕性、栗毛が潜性で、対立遺伝子の関係にある。

ベースの毛色が栗毛。これに鹿毛遺伝子のコードするタンパク質が関与すると鹿毛が作られる。鹿毛遺伝子は２つ１組の遺伝子のうち、片方だけにある場合（ヘテロ）でも十分に機能して鹿毛を作り出すので、２つの遺伝子がそろって鹿毛遺伝子（ホモ）の場合と外見上は区別がつかない。２つ１組の遺伝子がそろって栗毛遺伝子の場合だけ、表現型は栗毛になる。

高校生物のメンデル遺伝を学ぶ際、最も基本的な遺伝子の振る舞い方なので、鹿毛と栗毛にフォーカスした毛色の継代の仕方は、そのまま高校生物の試験問題演習のようにも見える。具体的に考えてみよう。

父が鹿毛、母も鹿毛の配合から栗毛が生まれたとき、父母の遺伝子型について分かることはなんだろうか?

子の遺伝子は潜性である栗毛遺伝子が2本そろっている(栗毛ホモ)。それぞれは父母から受け継いだものなので、父も母も栗毛遺伝子を持っていることが分かる。しかし、表現型はどちらも鹿毛なので、鹿毛遺伝子も持っている。すなわち、父母ともに鹿毛遺伝子と栗毛遺伝子を1本ずつもつヘテロの個体であることが分かる。

では、鹿毛・栗毛のヘテロの遺伝子型であることが分かったこの繁殖牝馬に、栗毛の種牡馬を配合したら子の毛色はどうなるだろうか?

子の遺伝子型として考えられるのは2種類。鹿毛と栗毛のヘテロの場合と、栗毛と栗毛でホモの場合だ。前者は鹿毛遺伝子が顕性に働いて表現型は鹿毛になる。後者は潜性遺伝子のホモ個体なので栗毛になる。

まったく別の系統について、ある鹿毛の種牡馬はあらゆる鹿毛、栗毛の繁殖牝馬と配合しても鹿毛の産駒しか生まれなかった。この種牡馬の遺伝子型は何か?

栗毛の繁殖牝馬は栗毛のホモなので、必ず産駒に栗毛遺伝子を1本受け継ぐ。鹿毛の繁殖牝馬は鹿毛のホモであるケースと鹿毛と栗毛のヘテロであるケースがあるが、母から鹿毛を子に受け継いだ個体は鹿毛になる。潜性の栗毛を受け継いだ子も必ず鹿毛になるということは、鹿毛遺伝子は種牡馬から受け継いだと言うことになる。これらのどんな配合でも鹿毛になるということは、この種牡馬が産駒に伝える毛色遺伝子は必ず鹿毛ということになる。したがって、この種牡馬の毛色の遺伝子型は鹿毛のホモということになる（表3）。

【表3】1対の対立遺伝子で決定される毛色について、遺伝子型と表現型の原則にしたがった考え方の一例

鹿毛＝A（顕性）栗毛＝a（潜性）と表記

母は栗毛なので遺伝子型は「aa」で確定

Case Ⅰ　父＝Aa（ヘテロ鹿毛）の場合

		母	
		a	a
父	A	Aa	Aa
	a	aa	aa

→子の遺伝子型は1/2の確率で「Aa」と「aa」に分かれる
すなわち表現型は鹿毛と栗毛に分かれる。栗毛が生まれ得る。

Case Ⅱ　父＝AA（ホモ鹿毛）の場合

		母	
		a	a
父	A	Aa	Aa
	A	Aa	Aa

→子の遺伝子型はすべて「Aa」になる。
表現型はすべて鹿毛

　こうした視点で血統表を眺めると、すでにこの世を去った一時代前の種牡馬や繁殖牝馬でも、毛色に関する遺伝子型がさかのぼって推測できる。

◉顕性遺伝の代表選手・芦毛

　芦毛の遺伝子はほかのすべての毛色遺伝子に対して顕性に働く性質がある。これは芦毛遺伝子が馬の体の中でどのような働きをするのかということとセットで理解するとわかりやすい。

そもそも芦毛には「原毛色」がある。芦毛は生まれた当初は白くはない。そのベースにも個体差はあるが、鹿毛や栗毛、青毛などの原毛色がベースにあって、それが加齢とともに白い毛に変わっていく。例えばゴールドシップは2歳の段階では栗毛に見えたが、3歳以降は徐々に白くなっていった。

芦毛遺伝子の直接の働きは毛根部で黒色色素を作っている細胞（メラノサイト）の分裂速度を他の毛色よりも数段速くすることだ。細胞分裂は無尽蔵に繰り返すことができないので、芦毛では早期に色素細胞が枯渇する。色素が作れなくなると白くなる。

実はこの遺伝子の働きが、すべての芦毛馬にある種の病気のリスクを背負わせている。皮膚がんの一種「悪性黒色腫（メラノーマ）」だ。メラノサイトが「がん化」する病気。直接の死因となったかは別にして、晩年この病気と闘ったサラブレッドはシービークロス、オグリキャップ、エイシンバーリン、アドマイヤコジーンなどが知られる。いずれも芦毛だ。

芦毛遺伝子の働きによってメラノサイトの分裂速度が上がるということは、それだけDNAのコピーにおいて〝エラー〟が生じやすいということでもある。大半のエラーは問題を生じないが、運悪くがん化のスイッチを押すエラーが生じると、がん細胞が発生する。芦毛の白い毛は、メラノーマのリスクという宿命を示している。

近年は毛色遺伝子との関係の研究がもう一歩進んでいる。芦毛遺伝子を父母の片方からのみ受け継ぐ場合（ヘテロ芦毛）より、父母双方から受け継ぐ場合（ホモ芦毛）の方がリスクは高い。

これとは別に、原毛色として青毛を規定する遺伝子を持つと、芦毛遺伝子との相互作用でリスクが上がり、発症時の進行も速くなることが知られている。動物福祉の観点からは、芦毛同士や青毛と芦毛の交配を避けるなどの配慮が望ましい。

◉白毛遺伝子の仕組み

ソダシが桜花賞ほかＧⅠ３勝の成功を収め、白毛が一昔前では考えられないくらいポピュラーな毛色になった。ひところは白毛が入厩しただけでニュースになったものだ。私が中学生の頃だったたか、白毛が血統登録されただけで朝のワイドショーに登場したこともあった。私とて、ブチコが栗東に入厩してデビューへのめどが立った時、ちょうど一般紙にも原稿を出せるポジションにいたので、一般紙の夕刊一面を飾らせてもらったこともある。

それがいまやシラユキヒメ牝系がほとんどとはいえ、この一族の繁栄で、白毛が入厩するくらいではだれも驚かなくなった。隔世の感がある。

白毛に関しては繁殖実績と遺伝法則を突き合わせて検討する育種学的手法と、個々の遺伝子を直接調べる分子生物学的手法の両面から実用的なレベルにおいてはかなり精度の高い遺伝子発現のシナリオが提示されている。

白毛は、多くの系統が第3染色体上にある「ＫＩＴ遺伝子」に変異を持っており、これが白毛の原因遺伝子と考えられている。

この遺伝子は肥満細胞や生殖細胞など、生命維持や繁殖に欠かせない組織で機能しているため、２本の染色体の両方が白毛に作用するような変異を起こしていると、元の遺伝子の担っていた機能が失われて、系統によっては生命維持が困難になる。こういった遺伝子を致死遺伝子という。

一方で、メラニン（黒色色素）産生に関わるメラノサイトでも発現しており、ここで変異したＫＩＴ遺伝子が白毛を生むと考えられている。

仮説のひとつだが、具体的には四肢や鼻梁に生じる白斑が大きく広がり、体表全体を覆うように働いている可能性がある。ブチコやマーブルケーキなど、原毛色の斑を残す固体がいるのは、こうした機序を前提とすると説明しやすい。

白毛には劣性遺伝する系統もあるが、シラユキヒメ牝系に関しては遺伝様式としては、２本の染色体のうち、片方に変異を持っていれば白毛化する、すなわち顕性遺伝すると考えられている。逆に、同系統の非白毛馬は、両方の染色体にこの変異を持っていない。

ここで注意しなければならないのは、ＫＩＴ遺伝子が関与している白毛遺伝子は、致死遺伝子としては潜性に働き、白毛遺伝子としては顕性に働くという2重の側面を持っていることだ。

この種の白毛遺伝子がホモの個体は致死遺伝子として振る舞って産駒が生まれてこない。白毛遺伝子が少なくとも片方になければ白毛にならない。したがって、この種の遺伝子で白毛を呈する個体はすべて白毛遺伝子に関してヘテロの個体ということになる。

白毛一族には白毛にならなかった個体も複数いる。代表格がママコチャ、メイケイエールだが、この個体はすでに白毛遺伝子を持っていない。したがって、いかにシラユキヒメ一族であっても、この2頭からは再び白毛の突然変異が起こらない限り、白毛が出ることはない。

また、芦毛と皮膚がんについて述べたのと同じ事情で白毛同士の交配も避けられるべきだ。白毛遺伝子をホモにしてしまう産駒は正常に生まれてこないわけだから、約25％もの確率で産駒が得られないような交配は、推奨されない。

◉ミオスタチン・筋肉量を左右する遺伝子

サラブレッドと遺伝学をリンクさせて考えるとき、どうしても「走る遺伝子」とか「競走能力に影響する遺伝子」というものは強い興味をひきがちだ。その文脈で近年「適性距離決定遺伝子」との触れ込みで「ミオスタチン関連遺伝子」が注目を集めている。ミオスタチンを巡る生体内の反応系は「抑制系」と呼ばれる反応構造をしているので、これまで述べてきた比較的シンプルなモデルより少し事情が複雑だ。

ミオスタチンの生理学的な機能は、筋肉増強の抑制である。ミオスタチンは筋肉を増殖させようとするある種の反応系に介入して、増殖を抑える方向に働くタンパク質だ。

サラブレッドで遺伝子検査されるミオスタチン関連遺伝子は対立遺伝子として「T型」と「C型」がある。ミオスタチン関連遺伝子のDNA配列を比べて、ある場所の塩基が「T」のものと「C」のものがあるので、それぞれこのように呼ばれている。「T型」は正常に働くミオスタチンを作る遺伝子。「C型」は、該当部分の塩基がTからCに変わってしまったために正常なミオスタチンが作れなくなった遺伝子だ。有り体に言えば「C型」はミオスタチンに関する筋肉増殖抑制機能が〝壊れ〟ている。

ミオスタチン関連遺伝子は馬以外でも知られており、例えばベルジャンブルーという品種の牛は、サラブレッドの「C型」に相当する遺伝子がホモでそろっている。果たしてベルジャンブルーは見るからにマッチョな体格で、体表がはち切れんばかりに骨格筋が膨らんだ体格に育つ。赤身肉がたくさん得られるので肉用牛として重宝されている。犬でも、これと相同な仕組みで起こるミオスタチン関連筋肉肥大という遺伝病が知られており、みるからにマッチョな姿に育つケースがある。

サラブレッドは元来、ものすごく筋肉質な品種なので、「C型ホモ」の個体と「T型ホモ」の個体で、牛や犬の例ほど、極端に外見が異なるというところまではいかない。それでも「T型」はどちらかと言えばすらりとした体をつくり、「C型」は幅があってがっちりした筋肉質な体にシフトする。

ミオスタチン遺伝子の働きは、本来的には「T型」が顕性にあたり、「C型」が潜性という関係であるはずだが、実態としては「不完全顕性」という形式を取る。

黒色色素を想定したシンプルなモデルでは、DNAのコードしたタンパク質である酵素は、量が減っても多くの場合は働きが鈍らないと書いた。しかし、このミオスタチンに関しては作られる量が半分になると、筋肉増殖抑制の効果も約半分になる。ミオスタチン関連遺伝子は2つ1組の遺伝子型として表すと「TT型」「TC型」「CC型」の3つの遺伝子型に分けられるが、体内(より正確に場所を絞れば骨格筋内)で作られる正常なミオスタチンの量は「TT型」が最も多く、「TC型」が中間、「CC型」はほとんどないという順になる。したがって、「TT型」は筋肉増殖が最も抑制されてすらっとした体型に、「CC型」は最も筋肉質に、「TC型」はその中間の体型が表現型になる。

ここまで読んでいただければお気づきかもしれないが、ミオスタチン関連遺伝子は、距離適性を直接規定しているわけではない。それぞれの遺伝子が「どれくらい筋肉質になるか」という傾向を規定しているのであって、その結果として、それぞれの遺伝子型の適した距離レンジの傾向が導かれている。

距離適性を決定する要因は、筋肉質かどうかという軸のほかにも、肺活量、心臓の拍出量などのスペック、筋肉の速筋線維と遅筋線維の分布割合など多岐にわたる。ミオスタチン関連遺伝子は、距離適性について一定の傾向をつかませてくれるが、それだけでは最終的な距離適性を断定できない。

こうしたある意味あいまいな、正確を期して言えば複雑な、鼻をくったような言い方を強いられるのは、サラブレッドが（サラブレッドに限った話ではないが）それだけ複雑な生物であるからだ。

一方で、1つの遺伝子を見たからといって全体の性質を断定できないというのは、当たり前なことを言っているにすぎない。ミオスタチン関連遺伝子に関しては、こうした生物の複雑さの前に「結局あてにならない」のような言い方をされることもあるが、的外れな批判だろう。

特定の遺伝子を参照することで、個体の性質を見極めようとする方法論が無駄だとまで言ってしまうのは、遺伝子検査を通して科学者が行おうとしていることへの理解を放棄している。

◉インブリードに功罪ある理由

予想の文脈で血統表を眺めるとき、しばしばインブリード（クロス）を探して有力な根拠とする。近親交配の効果として、生産界ではクロスした種牡馬（あるいはまれに繁殖牝馬）の特徴を産駒に強く引き出すことが期待されてきた。同時に、あまり強いクロスを図ると、体質や気性に問題を抱えた産駒がしばしば得られることも経験的に言われている。なぜだろうか。

古典的な血統予想の言説は、メンデル以前の遺伝のイメージで語られているように思う。すなわち、遺伝の因子を液体のような連続的なものととらえて、有力な先祖の形質をなるべく〝濃く〟伝えようとするという考え方だ。４×３のクロスを「18・75％・奇跡の血量」などと表現するのはまさに遺伝因子を「血」という液体のイメージでとらえた言い方にほかならない。

しかし、現代に生きる我々はすでに、遺伝因子とはＤＮＡにコードされたタンパク質を介して発現するものだと知っている。正しい遺伝学の立場から、クロスによって起こる功罪両面の現象を理解すると、血統表の見方も変わってくる。

世界的に、あるいはある地域で産駒を量産して血統表を塗り替えていく種牡馬というのは、サラブレッドの育種の歴史においてしばしば表れる。日本においてはサンデーサイレンスなどその代表だろう。少しさかのぼればノーザンテースト、もうひと昔ではヒンドスタンが大流行し、結果も残した。

こうした優秀な種牡馬はしばしば、突然変異によって特異な優秀な遺伝子を持っていると考えられている。研究ベースでもこうした遺伝子が特定されることがある。

端的な例に、少し古い時代の話だがハイペリオンがある。1933年の英ダービー馬だ。直仔にはオーエンテューダー、サンチャリオットなどがおり、英国で1940－42、45、46、54年の6年度、リーディングサイアーとなった。

オーエンテューダーもサンチャリオットも種牡馬として成功し、その後ノーザンダンサー系が台頭するまで、ハイペリオン系繁栄の時代を築いた大種牡馬だ。

ハイペリオンの血を引く競走馬は現代においても相当数残っている。研究ではこれらハイペリオンの子孫を含む、多数のサラブレッドのゲノムを読み、血統表とすりあわせて統計処理をする。この作業から、ハイペリオンの父 Gainborough も、母 Selene も持っていないと推察されるのに、ハイペリオンに突然生じたと考えられる遺伝子が発見された。すなわちハイペリオンが誕生するにあたって生じた突然変異遺伝子があり、その後、ハイペリオンの血を引く系統で、結果を残した馬の多くが、この遺伝子を持っていたという発見だ。

有力種牡馬のクロスは、こうした特異な「走る遺伝子」を持っている可能性が大きい。突然変異が2つ1組の染色体で同時に起こることはほとんどないので、ある「走る遺伝子」が突然変異で生じたとき、その遺伝子型はヘテロだ。継代すると直仔の約半分にその遺伝子が受け継がれていく。言い方を変えれば、1代継代すると、当該の「走る遺伝子」が受け継がれる産駒は半分に減る。

何代か継代すると、これを繰り返され、その種牡馬に起因する「走る遺伝子」が子孫に受け継がれているかどうかは2代先では1／4、3代先では1／8と減っていく。運良くこの1／2抽選をくぐり抜けて、当該遺伝子を受け継いだ産駒を仮に「当たり」、受け継いでいない産駒を「外れ」と表現しよう。血統表を見ただけでは、同じ先祖を持つ馬でも、「当たり」なのか判別つかない。

そこでインブリード交配が意味を持つ。父母ともに同じ種牡馬を血統表に持つなら、その継代回数に従って、「走る遺伝子」を持っている確率が定まる。どちらも「外れ」であれば、何度全兄弟を作ろうともその「走る遺伝子」は産駒に受け継がれないが、片方が「当たり」であれば、産駒に当該の「走る遺伝子」をつなげる可能性がある。すなわち、インブリードはクロス対象の種牡馬に起因する「走る遺伝子」を産駒が持つ確率を高めるという交配方法なのだ。

一方で、クロス対象の有力種牡馬は、ここまで考えてきた「走る遺伝子」だけを持っているわけではない。例えば気性を大幅に悪化させるとか、故障しやすい遺伝子を持っていることもある。種牡馬となったからには、こうした遺伝子はその種牡馬の現役期にはあまり問題にならなかったケースも多かろう。しかし、その遺伝子が潜性遺伝子だったらどうだろう。

有力種牡馬が、例えば屈腱の強度を下げてしまう潜性遺伝子をヘテロで持っていたというケースを考えよう。その種牡馬は遺伝子型がヘテロなので、もう1本の顕性遺伝子に助けられて屈腱の強度が下がるようなことがなく、素晴らしい競走成績を残した。しかるにスタッドインさせられるが、この種牡馬をクロス対象として交配すると、アウトブリードの場合より、問題の潜性遺伝子が2本そろってホモとなり、屈腱の強度が下がる表現型で産駒が生まれてくる可能性も高まる。

こうした負の効果を持った潜性遺伝子の存在が、「クロスでは虚弱や気性難が生じやすい」という現象の原因になる。

これらを理解していると、血統の考え方もより合理的に、深く真実に迫ることができる。より踏み込んで言えば「このクロスは成功する（あるいは失敗する）」ということが、より高い精度を持って推測できる。

クロスの功罪の「功」の側面である「走る遺伝子」はしばしば顕性遺伝子なので、「親が走っていれば子も走る」といった陳腐な結論になりがちだ。威力を発揮するのはクロスの「罪」の側面だ。

クロスを狙って虚弱な産駒が出るのは、クロスした種牡馬に起因する、よからぬ効果の潜性遺伝子がホモにそろってしまうからだった。しかし、今交配されたその種牡馬の子孫が、問題となる潜性遺伝子を現に持っているかどうかは1代経るごとに半分に減っていく。実際は、よからぬ効果の潜性遺伝子は、さまざまな系統に共通に広がっていることも多いから、シンプルに半分ずつに減っていくわけではないが、ある種牡馬がその因子を持っているかどうかは、産駒の実績を眺めれば推定できる。

例えばナスルーラは気性難を強く出しがちな種牡馬として有名だ。ナスルーラの気性難が、1つの遺伝子で規定されているかどうかは、分子遺伝学のレベルで証明されているわけではないが、ここではわかりやすく解説するために、1つの潜性遺伝子で決定されているというモデルを考えよう。

血統表に持つ現代の種牡馬が今想定したナスルーラ起因の気性難関連遺伝子を現に持っているかどうかは、産駒に気性難が多いかどうかでおおよそ見当がつく。

実用的にしっかり注目しなければならないのは繁殖牝馬の方だ。種牡馬に比べて産駒の数は圧倒的に少ないから、簡単には傾向が明らかにならない。それでも5番仔くらいまでの実績が得られれば、その繁殖牝馬が今考えている「よからぬ遺伝子」を持っているかどうか推定できよう。具体的には、その遺伝子を持っていたと仮定して、交配実績から問題の遺伝子がホモになる確率を計算する。

大前提として、母自身が現役期の実績からナスルーラ起因の気性難を呈していた場合は、すでにその母は問題の遺伝子をホモで持っていることが強く示唆されるのであきらめるほかない。ナスルーラに関してアウトブリード配合、あるいは血統表にナスルーラがいても、気性難があまり生まれない種牡馬と交配するのがいいだろう。

確率計算してみるというのが威力を発揮するのは、母が現役期にナスルーラ起因の気性難を呈していなかった場合。このケースは問題の遺伝子をヘテロで1本持っているか、1本も持っていないかのどちらかになる。1本持っている繁殖牝馬を、ナスルーラ起因の気性難関連遺伝子を持っていると考えられる種牡馬と交配した実績が得られれば、実際の計算ができる。

種牡馬の方がこの遺伝子をホモで持っているケースは簡単だ。種牡馬は現役期に気性難であったろうし、産駒には半分といかないまでも気性難が頻発しているはずだ。直仔がおとなしくても、2代先に気性難がしばしば出るという現象も観察される。

このケースではヘテロの繁殖牝馬と交配したとき、気性難の産駒が生まれる確率は1／2。仮に同じ配合を4回続けて気性難が1頭も出なかったとすれば、その確率は1／16で6・25％となる。自然科学、特に生物系の科学では確率5％を「まれな出来事だから、たまたまでは片付けられない」という基準（有意水準）にする。戦略的な意思決定としては、これくらいの水準で「おそらくこの繁殖牝馬はナスルーラ関連気性難遺伝子を持っていないな」と判断してもよさそうだ。

種牡馬がナスルーラ関連気性難遺伝子をヘテロで持っていたときは、ヘテロの繁殖牝馬との交配で同遺伝子ホモとなる確率は1／4だ。すなわち、産駒の表現型にこれに起因する気性難が出ない確率は3／4。詳しい計算は省くが、例えば同じ配合を4番仔まで得て同遺伝子起因の気性難が1頭も出ない確率は31％程度だ。

確かにこれだと交配相手を決断するために直ちに使える水準の数字ではないが、裏を返せば、よからぬ効果の潜性遺伝子が、サラブレッドの血統プールから排除されない理由でもある。流行の血統にいくらかこうした遺伝子が紛れ込んでいても、それだけをしてその因子を持つかもしれない種牡馬をオミットするということにならないのだ。

血統表を遺伝子分布の確率で見るという考え方は、根拠のあるデータとして、生産者の経営戦略も強くする。ファンの立場でも、例えばクラブ出資馬やＰＯＧ指名馬を選ぶときの参考になる。血統表の見え方が変わってくるのではないだろうか？

◉ニックスという配合理論の遺伝学的背景

前項では1つの遺伝子が、例えば単に「競走能力を上げる」とか「気性難を呈する」といった1つの表現型に直結するモデルについて考えた。しかし、ほとんどの生物内の反応系はそんなに単純ではない。

1つの遺伝子がコードするのは通常1つのタンパク質。生物内の複雑な反応系において、1つの遺伝子が関与できる反応は1つだ。仮に関与する反応が、その1つのタンパク質に大きく影響を受けるようなケースでは、前項のようなモデルの考え方が有効だろう。

では、1つの反応系に複数のタンパク質が強い影響力を持ち、その結果、競走能力を高めたり、体質を虚弱にしてしまったりというケースでは遺伝子の振る舞いをどのように考えたらよいのだろうか。

こうしたケースを背景にすると、説明のつきやすい配合理論がある。ニックスだ。ニックスはインブリードではない配合であって、2つの異なる系統で交配すると、強い産駒が得られる確率を高められるとする考え方だ。近年ではオルフェーヴル、ゴールドシップを輩出した「メジロマックイーン牝馬にステイゴールド」という配合などが典型だろう。

分子遺伝学的に立証されているわけではないが、ニックスは次のような仕組みで起こっていると考えると非常にきれいな説明ができる。

競走能力を高める因子Xを考える。Xは生体内に材料として存在する物質Yから次のような2段階の反応で作られるとしよう。すなわち遺伝子Aの産物である酵素αがYに反応してZを作る、Zは別の遺伝子Bが発現して作られる酵素βの触媒によってXに変化する。

この反応系を完遂するには酵素α、酵素βの両方が必要だ。仮にある系統Ⅰが特異的に遺伝子Aを、別の系統Ⅱが特異的に遺伝子Bを持っていると、系統Ⅰと系統Ⅱを交配したときに限って、一定の確率で遺伝子Aと遺伝子Bのそろった個体が誕生する。

それぞれの系統は別の遺伝子の働きでそれなりに成績を残す系統なのかもしれないが、全然関係ない別の系統と交配したときには片方の遺伝子がそろわないので、産駒には因子Xは作られない。因子Xが競走能力を著しく高める働きを持っていると、系統Ⅰと系統Ⅱの交配は、因子Xを理由として高率で走る産駒を得ることができるというわけだ。

これは大学の先輩で、競馬ジャーナリズムの世界に入ってからも大変世話になっている須田鷹雄さんからの受け売りなのだが、次のような例えがわかりやすいかもしれない。

先に述べた複数の因子を麻雀の三元牌に例える説明だ。白發中、それぞれは単体で刻子にしてもそれぞれ1飜にしかならないが、3つそろえると突然、大三元という役満になる。ニックスとは、白、發、中をそれぞれ単独で持っている系統から遺伝子を集めて、それぞれ単体では小さな効果しか得られなかった状態から、役満である大三元をそろえるという配合理論だ。

何が白で何が發、あるいは中なのかという具体的な中身は、分子遺伝学の力を借りなければ証明できないが、経験的にニックスが成立すると考えられている配合から、特異的な遺伝子をピックアップし、ゲノムを参照していくと、産駒を強くする因子が見つかりやすくなるだろう。

◉分子遺伝学の実際と特許を巡る危機感

サラブレッドの遺伝情報を競走能力にリンクさせて活用しようとする試みとして、現にビジネス化されているミオスタチンの例を紹介した。ビジネス化されているというのは、この遺伝子をゲノム情報として読み取るサービスに特許が設定されているからだ。アイルランドのエクイノム社および米国のジャネティィクス社により特許が取得され、「Equinome Speed Geen Test」として、正式な遺伝子診断サービスが実施されている。日本国内では競走馬理化学研究所がライセンス許諾を受けている。

馬の全DNA情報（ゲノム）を全部読み出すことは、遺伝学の研究では普通に行われていることで、読み出すときにこの特許があるからといって、ミオスタチン関連遺伝子だけ読まないということはできない。かといって特許を侵害してはいけないので、研究者がサラブレッドのゲノムを読むとき、この部分に関しては情報を得ても、馬主ほか関係者に伝えると、違法となる可能性がある。

一方で、すでにいくつかモデル化して考えてきたように、サラブレッドの競走能力に関与する遺伝子は、当然ながらミオスタチン関連遺伝子だけではないだろう。現に分子遺伝学的な証明を得たハイペリオン起因遺伝子のことも紹介した。近年でもサンデーサイレンスくらいのレベルで影響力を発揮した種牡馬に特異的な突然変異があるのは間違いない。

現代的な視点からすると、科学的な手法に前向きな生産者ならば、その遺伝子に注目して交配計画を立てたくなるだろう。

サラブレッドを遺伝学で切り込む研究者が、こうした切り口に興味を持つのはむしろ当然だ。そうした遺伝子を見つけ、生理学的な機能まで特定すれば、特許取得とビジネス化はもはや目の前にある。

ミオスタチン関連遺伝子以外でサラブレッドの競走能力に有用な遺伝子を探す研究の営みは、もはや国際的な競争に発展しつつある。もう我々はそうした世界に片足を突っ込んでいる。

いかに日本で強い系統を育てようとも、その系統を強くしている遺伝子について特許を海外に握られてしまうと、数少ないその系統の海外流出分から、効率的にその強さを取り出す繁殖計画を立てられてしまう。例えば競走成績が芳しくなくても、特定した遺伝子の有無を参照して種牡馬選定されると、日本由来の強い系統をいわば横取りされることにもなりかねない。

このフィールドの遺伝学の複数の研究者をこれまで取材してきた。彼らによると、生産地ではこうしたサラブレッドの遺伝子を直接読むという手法に協力的な生産者が少ないそうだ。

ディープインパクトは言うに及ばず、イクイノックスを出したキタサンブラックらサンデーサイレンスに端を発する日本の誇る系統が、世界を席巻する未来は目の前に来ている。にもかかわらず、それを研究者とのつきあい方ひとつで横取りされてはなんとももったいないし、なにより日本で競馬を見ているものとしては寂しいし悲しい。馬産地の関係者のみなさんには、サラブレッドの遺伝子を直接取り扱う研究者を、もっと好意的に受け入れてもらうわけにはいかないだろうか。

第8章

薬物関係

「薬」は、一般人が医療に触れる最も身近な側面のひとつだろう。しかしながら、それぞれの薬がどのように働いて、どう効果を引き出すのかという、一歩踏み込んだ理解は、その身近さとは裏腹に、一般人には縁遠いのではないか。治療方針というカテゴリーであれば、「悪いところを切って取る」(もちろん、そんな単純でないものも多いのだが)という外科手術の方が、「何がどうなってどう治る」という枠組みについての理解はイメージしやすいだろう。

薬を巡っては、競走馬の世界では普段の健康のケアにも使われる一方で、まれに禁止薬物によるドーピング摘発の事件が起こったりもする。薬物事案に関しては、中央競馬では禁止薬物のほか、「規制薬物」という一般人にはまどろっこしい概念もあって、誤解の多い獣医療上の分野でもある。薬の基本的な考え方と、競走馬を巡る現場事情をおさらいしておこう。

◉「薬」や「毒」は、結局のところ化学物質である

「薬」は生命活動に介入して、さまざまな効果を引き出すため、古来、神秘的なイメージを持たれてきた。しかし、現代医療においては、単なる化学物質として見ることが、その理解の第一歩だ。例えば高校化学(有機化学)の範囲でも、ベンゼン環に2種類のシンプルな官能基をくっつけたアセチルサリチル酸の構造式を学ぶ。解熱鎮痛剤の代表選手として知られるアス

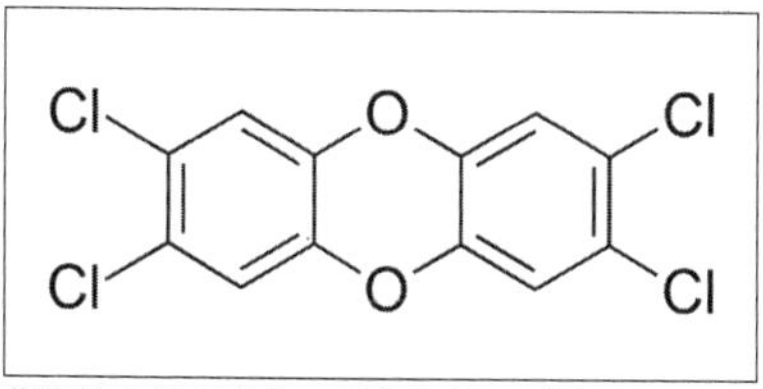

代表的なダイオキシンの構造式の一例

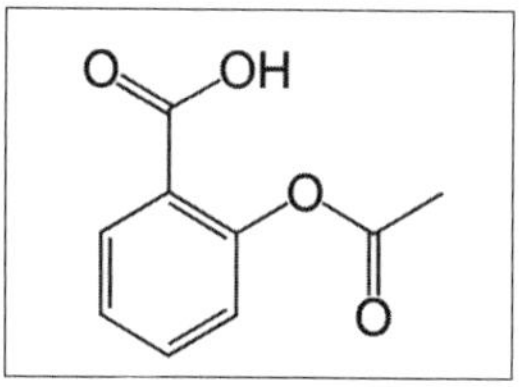

アスピリンの構造式

ピリンである。

　しばしば環境問題とセットで語られるダイオキシン類は、猛毒として悪名高い。例えばその代表であるＴＣＤＤ（2,3,7,8-テトラクロロジベンゾ-1,4-ジオキシン）は、２つのベンゼン環が２つの酸素の橋渡しでつながれ、両端に塩素が４つ配された構造をしている。一般に猛毒としておどろおどろしいイメージを持たれているが、化学物質としては有機化学を修めた高校生なら、その構造を容易にイメージできる。

　こんなシンプルな、しかも構造式が線対称で幾何的に美しいとすら言える物質が、動物の体内に入ると、とんでもない〝悪さ〟をするのだから、生物と化学物質の関係は非常に興味深い。

　ミステリーの世界（に限ってほしいのだが）で毒殺にしばしば使われる青酸カリともなると、もはや有機物ですらない。化学式「ＫＣＮ」（シアン化カリウム）という無機物だ。工業的にはメッキ加工のためによく使われる。Ｋ（カリウム）もＣ（炭素）もＮ（窒素）も、生体内ではありふれている、むしろ必須、なくてはかえって困る元素なのに、１つずつ組み合わせたこの無機物が、生命活動を止めてしまう。

このように、「薬」とか「毒」というのは、生体への作用によって、意味づけられる一方で、化学の視点では自然界にありふれて存在している元素が特定の並びでつながった化学物質だ。

こうした化学物質が、生体内でどのように振る舞い、どんな結果を引き出すのかを考えるのが薬理学だ。対照的に、毒物（これも化学物質）が、生体内で毒性を発現する仕組みを考えるのが毒性学。この2つは、生体の反応の方向が真逆なだけで、表裏一体の学問とも言える。2024年現在、日本に獣医学部・獣医学科の類は17大学にあるが、例えば岩手大の獣医薬理系研究室は「比較薬理毒性学（共同獣医学）」で、2つの領域を1研究室でカバーしている。

他大学の獣医薬理の講義ではどうなのか分からないが、私の学部生時代、獣医薬理の講義では最初に、漢方薬を題材に、薬理学の考え方について、象徴的な話を聞いた。漢方薬は、いわゆる西洋医学で処方される薬と異なるかのように思われている節がある。漢方薬は、その材料が植物の実だったり、動物や昆虫の一部だったり、自然界から採取してくる。すりつぶして混ぜたり、時には材料を水に溶かした上で抽出したりはするが、基本的には「できあがったものは自然界にあったものそのまま」というイメージを持たれていることが多い。さまざまな化学物質を化合させて作り出すこともしばしばである西洋医学の薬とは、この点で決定的に異なると、一部では思われているようだ。

しかし、漢方薬も、生体内で薬理作用を示すのは、それに含まれている化学物質。言ってしまえば漢方薬は「多様な（かつその大部分は無害な）不純物が含まれている薬物」に過ぎない。漢方薬も、その中に薬理作用を持つ化学物質が含まれていて、生体内で、特定の器官、細胞に働きかけることで薬効を引き出す。

結局のところ、薬を理解するというのは、化学物質と生体の関係を理解するということに帰着する。薬のことを考える時、最終的には化学と生物学の視点に帰ってくるということは、忘れてはいけないことだと思う。

◉競走馬の「ドーピング検査」の手順

競馬ファンが「薬」の話題に触れるのは、競走馬から薬物が検出されたというニュースがほとんどだろう。日本国内では地方競馬も含めてすべての競走で、走った馬の一部から検体採取が行われる。

対象は勝ち馬を含む上位入線馬と、そのほか一部の「裁決委員が特に指定した馬」。後者は鼻をくったような表現で指定されているが、主に敗退した人気上位の馬について、故意敗退による八百長行為に網をかけることを想定したものだ。その意義をそのまま規定に書いても不必要に角が立つだけなのでオブラートに包まれた書き方になっている。

採取する検体は原則として尿。検査対象に指定された馬は脱鞍後、馬房には帰らず、厩務員とともに検体採取場（装鞍所近くに設置されていることが多い）へ向かう。疾走直後の馬は程度の差こそあれ、やや脱水傾向にあるから、排尿に時間のかかる馬もいるという。その昔は、採尿できるまで、馬の飲水も制限されていたと聞くが、現在では動物福祉の観点から、検体採取場で排尿を待つ間も、馬は水を飲ませてもらえるようになった。排尿してくれるまで根気強く待つのは、開催現場に配置される獣医師。たまに2時間ほど待たされて、そこから動けないこともあるとか。検体採取場での馬の飲水制限が緩和されたことで、馬も排尿しやすくなったはず。馬の福祉とともに、獣医師が立ちっぱなしという災難の頻度も減っているはずだ。

ただ、それでも尿が得られないケースもまれにある。最終手段としては、採血に切り替えることもある。検体は同じ条件で必ず2つ取る。

採取した検体はすべて競走馬理化学研究所（宇都宮市）に送られる。日本で唯一の競走馬の薬物検査を請け負う機関で、競走馬から採取した検体の検査業務のほか、競馬場やトレセンで使用される飼料などに薬物が混入していないか検査する業務や、騎手のドーピング検査、競走馬の親子鑑定（血統登録における不正防止）なども請け負っている。

薬物検査は非常に精度の高い緻密な機械を使って行うが、基本的な仕組みは高校程度の化学の知識でも理解できる。最もキモになる手順では「クロマトグラフィー」を使う。

長く短冊状に切ったろ紙をインクにつけ、ろ紙の上でさまざまな色が分離する〝実験〟を行ったことはないだろうか？　やったことがなくても、小学生を対象にした「おすすめ自由研究」といった趣旨の読み物で見たことがある人もいるだろう。あれは、インクを構成しているさまざまな物質が、それぞれろ紙の上を移動していく時の速度に差があることを利用している。

例えば、ろ紙と親和性が高い物質は速くろ紙を登り、親和性が低ければ、登っていく速度は遅い。あるいは、質量（分子量）の大きな物質は動きづらく、小さな物質は動きやすい。ろ紙の上を登っていく様子は、物質それぞれの化学的・物理的な事情で決まる固有の速度がある。しばらく待つと、インクにつけた端から遠いところには速く移動する物質が集まり、近いところに遅い物質が集まる。結果、混合物だったインクは、構成していた単独の物質ごとにろ紙の上で分けられる。

ドーピング検査は、様々な物質の混合物である尿や血液から、特定の物質をより分けて発見する化学的な手順だ。ろ紙の代わりにある種のガスや液体を使うのだが、周囲との親和性の違いなどでやはり物質ごとに移動速度が異なり、混合物から単物質をより分けることができる。

いざ、薬物が検出されても、それだけではまだ「薬物検出」とはしない。検体採取場でサンプルを2つ採取するのは、ここに理由がある。1つめのサンプルである種の薬物が検出されたら、2つめのサンプルを検査にかける。まれなケースだが、1つめのサンプルが検査にかけられるまで、あるいは検査の最中に、検査対象の薬物が何らかの事故で混入してしまうこと（コンタミ）があるからだ。2つめのサンプルでも同じ薬物が検出されてはじめて、採取元の競走馬からその薬物が検出されたと結論づけられる。

薬物を検出した検体が出たら、競走馬理化学研究所は、検体を送ってきた競馬主催者に連絡する。その後、主催者が関係者への処分などを決め、一般には広報発表するという手順を踏む。

◉「禁止薬物」事案に思うこと

競走馬を巡る薬の話題が目立つのは、ほぼニュースになったときだけ。報道されるものも、とかく競走馬に使用する薬に関しては、悪いイメージとリンクして考えられがちだ。

競馬に使った馬から薬物が検出された時、公正を脅かす事案が想起されるのは、一定程度、仕方がないのかもしれない。ただ、「禁止薬物」ではない「規制薬物」が出たときの、一部の騒がれ方は、見るたびに残念だ。ひとつには「禁止薬物」と「規制薬物」の違いと実際について、よく知られていないことが背景にあるように思う。両者は根本的に「なぜ検査するのか？」というレベルから、考え方が異なる。

禁止薬物は、出走する競走馬から検出されるようなことになる事前の行為が禁止された薬物だ。ここがまどろっこしい書き方になるのは、競走馬への使用自体が禁止されているわけではないものも含まれるからだ。

代表的なのが麻酔薬の類。出走馬が麻酔薬の影響下にあれば、その能力が影響を受ける。能力減退のケースだけでもない。例えば、どこか痛いところを抱えている馬に局所麻酔をほどこせば、痛くても気にせず走ってしまう。いずれにしても、出走馬から麻酔薬が出てくるのはドーピングの見地から禁止されている。

一方で、競走馬も骨折その他で手術をすることもある。麻酔薬であれば、どこに痛みを抱えているのか調べるために、患部と思われる部分に局所麻酔を施す「診断麻酔」という手法が使われることもある。

当然これらは正当な理由で麻酔薬が使われるケースだ。手術や診断麻酔で投与された麻酔薬は、一定の時間がたてば、代謝されたり、尿などから排出され、体内にほとんど残っていない状態になる。各種薬剤は、それぞれ体内から排出される速度が調べられており、いつどれくらいの濃度で投与したのか記録があれば、いつからその薬物の影響から脱して、尿検査などで検出されないようになるのかが分かっている。こうした薬物に関しては、競走馬に治療などで使われることがあっても、手順を踏んでいれば実際の運用上は困ることはない。

もちろん、そもそも競走馬に投与することからして「悪いこと」と認識されるべき薬物もある。代表例がカフェインやニコチンの類。治療に使われることがまずない。例えばカフェインは興奮剤なので、馬や条件によって「能力への影響」は正にも負にもとらえられ得るが、いずれにしても故意に投与するのは糾弾されるべき不正行為だ。

競馬法では具体的な薬剤を挙げて、「禁止薬物」を規定しており、出走馬から検出されれば「競馬法違反」のカドで警察マターにもなる。2024年4月から、禁止薬物は従来の114から351に数が増えた。従来の禁止薬物から生体内で変化しえる産物を幅広くカバーすることと、海外で報告された新しいドーピング系不正に対して、日本でも違法とする網を広げる意味で新たに指定したものがある。

中央競馬で近年、実際に禁止薬物が出たのは2020年にJRAの関東馬からカフェインが検出された例が挙げられる。カフェインはよく知られているように、コーヒーや茶に含まれている。出走後の競走馬から出た例ではないが、2019年夏に1節で156頭もの除外が出たいわゆる「グリーンカル事件」では、飼料にテオブロミンが混入した可能性が判明したことで引き起こされた。テオブロミンは例えばチョコレートに含まれ、化学的にはカフェインと同系統に分類される物質だ。このほか、たばこに含まれるニコチンも禁止薬物である。これらの物質は、人間の日常生活に当たり前に存在している。

例えば、厩舎の休憩所で缶コーヒーが飲まれるのは日常の光景だし、厩舎人にも少なからず喫煙者がいる。喫煙に関しては、かつてはパドック周辺で、観客が紫煙をくゆらせながら馬柱に赤鉛筆で書き込みをしていたし、21世紀初頭まではトレセンでも、くわえたばこで乗り運動に乗る厩務員・助手もいた。

それで実際にカフェインやニコチンがしばしば検出されていたかというと、ほとんどそういうことはない。飼い葉の中に茶葉を混入させたり、缶コーヒーをぶちまけたりするようなレベルの事故なら別だが、休憩所でコーヒーや茶を飲んだり、パドックでの馬とファンくらいの距離感の開放空間でたばこを吸ったりすることが、馬からカフェインやニコチンを検出させるようなことにならないのは歴史が証明している。

厩舎社会ではそれでも、日常に存在する禁止薬物の類を慎重に扱っていて、コーヒーを飲めば念入りに手を洗う厩務員は多いし、お茶に関してもペットボトル飲料が普及したのも手伝って、休憩所で茶葉からお茶を入れるようなことはあまり見なくなった。この種の禁止薬物がまれに検出されることがあっても、まず不運に不運が重なった混入（コンタミ）事故だ。悪くとも過失的な事案と言える。

それでも調教師は管理責任を問われる。刑事罰に関しては起訴猶予や不起訴処分で実害がなかったとしても、主催者からは調教停止などの制裁を食らうことになる。制度的に仕方ないとはいえ、個人的にはこの系統の「身の回りからのコンタミ」事案に関しては気の毒な気もする。

一方で、別の様相を呈しているのが2018〜2019年に岩手で連続したボルデノンの事件だ。ボルデノンはアナボリックステロイドと呼ばれる筋肉増強剤の一種。およそ身の回りにある物質ではない。当然、人のアスリートでもドーピング対象となる。競技ではない趣味のボディビルディングの領域で使われるという名目で、商業ベースの製材が米国で作られている。これを個人輸入することも可能ではあるが、販路も狭く、薬局で手に入る大部分の薬剤のように、手軽に手に入るという種類のものではない。ましてや厩舎の現場におよそ転がっているようなものでもない。

アナボリックステロイドは競走馬の体内での残留期間が長いため、故意に悪事を働こうと考えたとしても、使用を避けられるであろう薬剤だ。ある時期に使用して筋肉増強を図ったとしても、薬物が排出されて検出されなくなるまでに長休を強いられるし、投与した馬を競馬に使えば間違いなく検出されるので、容易に悪事が露見する。不正に馬を強くして賞金をせしめようという動機で使うには、あまりにもお粗末な犯罪デザインだ。

検出された厩舎は複数にわたり、岩手競馬は2場に厩舎が分かれているが、水沢でも盛岡でも出た。深く立ち入った推論は避けるが、少なくとも外形事実からは、厩舎による不正行為の画策という可能性は極めて低い事案に見えた。

それでもボルデノンが出た厩舎は、賞典停止などの処分を受けたし、敷料を変更するなどを迫られて、想定していなかったコストアップを呑まざるを得ない状況に置かれた。遠くから見ているだけしかできなかっただけに申し訳ないのだが、当地の厩舎が気の毒でならなかった。

それで〝犯人〟が判明でもすれば、まだ救いがあったのだが、２０２１年になって捜査にあたっていた岩手県警は突然捜査を終結させた。この顛末は、獣医師からみて、非常に奇妙だった。ことは獣医学上の興味と言うよりも、調査報道としての価値の方が大きかった事案なので、本稿であらためて詳細な顛末をなぞることは避けることにする。２０２４年５月１日現在、当時書いた原稿はまだウェブ上で読めるので、興味ある読者は、元記事を参照されたい。

https://www.chunichi.co.jp/article/241374

◉「規制薬物」の考え方は「禁止薬物」とは根本的に異なる

競馬をめぐる「薬物」に関して、最も大きな誤解が広まっているのは「規制薬物」に関する理解だろう。出走馬から検出されると報道発表され、管理調教師が過怠金などの制裁を受けるため、ともすると「管理調教師が悪事を行った」といった受け止め方をされることがある。

規制薬物は競馬法で定められる「禁止薬物」に入っていない。競走能力には直接影響しない種類の薬物のため、法で禁じる「能力を一時的にたかめ又は減ずる薬品又は薬剤」には該当しない。出走馬から検出されることが「馬の福祉や事故防止の観点から」好ましくないために規制されている。だから検出されてよいものではないが、あたかも「管理調教師が悪事を行った」かのように非難されるのは、相当ではないだろう。

そもそも「馬の福祉や事故防止の観点から」という説明の仕方が、まどろっこしくて伝わりにくいのではないかと思う。誤解を恐れずに、少し踏み込んだ言い方をすれば、これは「この種の薬剤を使っているような（ひどい）状態の馬を、出走させるな」という趣旨の規定だ。

競走馬は経済動物でありながら、愛玩動物並に動物福祉の議論のまないたに乗せられることのある特殊な動物だ。そのことの是非は別にして、「賞金を稼ぐために走らせる」という動機に、動物福祉の観点から、一定のブレーキをかける仕組みが社会から要求されるケースがある。体調が整わない馬も無理に走らせれば、陣営は出走手当を手にすることができる場合がある。例えば、熱発した馬に対して「とにかく使いたい」という動機で解熱剤を投与して出馬投票すれば、ひとまず出走させることは可能だろうが、馬には通常の体調を前提に出走させるケースに比べて、きつい使役を強いることになるから「動物福祉」には明らかに反する。そうした低レベルな状態で走らせれば、ばたばたになって周囲を巻き込む事故のリスクも上がるだろう。それをして、真ん中の事情をすっ飛ばして結果だけ書いたのが「馬の福祉や事故防止の観点から」なのだ。

こうした背景事情への理解があれば、実際の検出事案への見方もずいぶん変わってくるだろう。例えば2024年2月、某有力関東馬から「フルニキシン」が検出される事案があってニュースになった。管理調教師への過怠金は10万円。これを報じる各社ウェブ記事へのコメントに並ぶ罵詈雑言のひどいこと。やれ「失格にすべきだ」だの「調教停止であたりまえ」だの。正直なところ気の毒に思う。

フルニキシンはメグルミンとの化合物が商品名「バナミン（ペースト）」として流通し、馬の臨床現場では非常によく使われる非ステロイド性解熱・鎮痛薬だ。経口投与薬や注射薬として、広く使われている。さまざまな手術の後の痛み（術後疼痛）をコントロールする目的でもしばしば使われる。骨折、のど、その他、なにがしかの手術を受けたことのある馬の多くは、1度はフルニキシンを体内に入れたことがあるだろう。

この事例では、当該馬への投与歴がなく、休薬期間を誤ったといった種類の関係者の過失事案ではなさそうだ。直接の原因は突き止められなかったというが、厩舎から出走にいたるまでのどこかのタイミングで、例えば馬房に残存薬物が残っていたとか、飼料に混じり込んでしまったとか、そういったコンタミの事案であろうと思われる。

陣営に悪意がなかったことは、なにより、結果的にフルニキシン検出に至った大レースでの結果が2着という好走であったことが裏付ける。仮にフルニキシンで止めなければならない熱発や疼痛がどこかにあったのならば、ベースの状態はかなり低レベルだったはず。好走できたということは、そもそもフルニキシンを投与するような背景事情もなかったことを示している。

規制薬物は在厩中も馬の治療に使う可能性がある薬剤だが、出走時にはそれぞれの薬剤が尿中から検出されないように、出走前の一定期間、投与してはいけない「休薬期間」が定められている。

あり得る過失としては、それぞれの馬の予定されているローテーションの取り違え、勘違いなどによって、出走前の投与をしてはいけない期間に誤って投与してしまうというケースがある。こうした過失であれば、厩舎も一定の非難を免れないだろう。

まれにある、何がどうコンタミしたのか分からないけど出てしまったというケースは、調教師が一定の管理責任を問われて過怠金を食らったりすることは致し方ないにしても、さも陣営が悪事を働いたかのような非難を受けるのは相当でない。むしろ彼らは、厩舎の外にある何らかの要因でコンタミが生じてしまった事故の被害者なのだから。

◉日常的に使われる胃薬「ガストロガード」が地味にすごい理由

在厩中も日常的に使われる薬剤の中に「ガストロガード」がある。「H2ブロッカー」という種類の強力な胃酸抑制剤で、人では「ガスター10」など、いくつかが商品化されており、最近は処方箋がなくても薬局で購入できるようになった。これは、競走馬の世界では、調整をしやすくするという点において、近年急速に普及が進んだ薬剤だ。後述する理由で、馬の福祉向上にも役立つため、2024年の指定規制薬物が増加した際も規制薬物から外れている。したがって出走直前でも使うことができる。

胃酸の抑制が、競走馬にとって重要なのは、馬の消化管の構造が密接に関係している。別項で詳しく述べたが、馬にとって、食物の消化で最も重要なのは発酵槽である大腸だ。胃は非常に小さく、主食である乾草類も主成分がセルロースなので、胃で胃酸にさらされてもほとんど分解されない。胃酸はなくても、消化吸収にほとんど影響がないのだ。

加えて決定的なのが、胃の構造だ。馬の胃は、人の食道にあたる部分から広がっていて、本来の胃と合わせて空間を構成している。本来的に胃なのは後ろ半分だけ。前半分は内壁が組織学的には食道と同じ構造をしている。胃壁は通常、胃酸にさらされてもダメージを受けないように作られているが、食道壁はそのような構造をしていない。

したがって、馬が胃酸を分泌すると、胃の前半分では胃酸が内壁を侵す。我々人間は、嘔吐しないと胃酸が食道壁に触れるようなことはないが、馬では胃酸が胃の前半分に流れてくるだけで、内壁がダメージを受ける。直立している人間と異なり、馬は胃が頭側から尾側へほぼ水平に置かれているから、重力は胃酸を前方に流れないようには働いてくれない。だから馬は、普通に胃酸を分泌するだけで慢性的に〝逆流性食道炎〟の状態に置かれている。

消化吸収に関して胃酸はなくても困らない。胃酸が出れば、胃の前半分で内壁が侵される。こうした構造的な事情で、馬にとっては胃酸は、百害あって一利なしというやっかいな代物だ。けれど正常状態ではいくらか分泌されてしまう。これを抑えようというのは自然な発想だ。

そこで使われるようになったのがガストロガードだ。胃酸分泌を抑えると、内壁が荒れることも少なくなって、食欲が落ちなくなる。しっかり食べてくれれば、運動負荷もかけやすい。2010年代からガストロガードが東西の厩舎で広く普及するようになってから、「食わないから追えない」という馬は確実に減ってきている。構造的問題で慢性的に患っている病気から馬を救うことにもつながるので、その使用は動物福祉の向上にも資すると評価されている。

◉駆虫薬の使い方の難しさ

現役馬のトレーニングするトレセンの現場ではやや縁遠いのだが、繁殖地で使われる重要な薬剤に駆虫薬がある。馬の寄生虫感染で、日本で問題になるのは主に円虫類、回虫類、条虫類がある。食欲を落としたり、健康状態を慢性的に低下させたりするので馬産地ではしばしば、駆虫薬の定期投与が行われる。

寄生虫とは異なるが、例えば昆虫は「幼虫→さなぎ→成虫→卵」というライフサイクルをたどる。寄生虫もこれに似た成長ステージをたどる。やっかいなのは、寄生虫は成長ステージによって薬剤への反応性がしばしば変わる。駆虫薬との関係に絞って見れば、駆虫薬の多くは、寄生虫が特定の成長ステージにある時しか効かない。複数のステージにある同種の寄生虫が混合していると、駆虫薬の効くステージの虫だけ排除されて、別のステージの虫が生き残る。例えば3カ月ずらした年4回投与などで、すべての感染虫が、それぞれ効くステージにいる時期に駆虫薬が投与されているような状況を作る。

しかしこの方法だと駆虫薬の投与総量が増え、薬剤耐性虫が出現する。人の医療で抗菌薬を多用した結果、MRSAのような薬剤耐性菌が出現して深刻な問題が生まれたように、馬産地では近年、薬剤耐性虫の出現が問題になっている。だから駆虫薬の投与総量はできるだけ減らしたい。

試みられているのが「あえて完全な寄生虫駆除を目指さない」という方法。寄生虫感染は、少量であれば臨床的には問題にはならないことが多い。糞便検査で一定の水準より多く虫卵が発見された馬に絞って駆虫薬を投与し、少量の感染なら駆虫せずにおく。

2022年11月末の「第64回競走馬に関する調査研究発表会」で、JRA日高育成牧場が2

013~20年の取り組みを報告している。同期間に繋養の繁殖牝馬29頭にこの方法を試したところ、寄生虫病に関して臨床上の問題を発生させることなく、駆虫薬の投与回数を定期投与の場合に比べ72%減らすことに成功した。

最もよく使われる駆虫薬の一つがイベルメクチンである。新型コロナウイルスへの治療薬候補として一時、期待が持たれたが、続報論文の多くがその効果に否定的だ。

駆虫薬の誤った使い方は新型コロナに効果がないだけでなく、当人が寄生虫に感染していた場合、時にそこから薬剤耐性虫を出現させる。耐性虫の出現は、感染している個人の問題にとどまらず、社会全体の公衆衛生にとって脅威になりうる問題だ。

誤った感染制御の知識で、無軌道に駆虫薬を乱用すると、今まで存在していなかった感染性の脅威を生み出すことがあり得る。この項を読まれた皆様には是非知っておいていただきたい。

第9章

暑熱対策・熱中症

２０２４年の夏競馬から、新潟で昼休みを長く取る日程の大転換が実行される。日本中央競馬会競馬施行規程は「競走の数は、1日につき12以内とし、日出から日没までの間に行う。」（第68条）と定めており、ナイター開催はできないが、日中の最も暑い時間帯を避けて競走を配置することで、暑熱環境による馬へのストレスをできるだけ減らそうという取り組みだ。競走馬の福祉向上が重視されるようになる中、暑熱対策はその文脈で２０２０年ごろから最も力を入れて取り組まれていたテーマだ。

◉馬にとっての〝暑さ〟を丁寧に考える

近年、競走馬も熱中症で倒れる実例が、増えている。２０２２年の菊花賞馬アスクビクターモアは翌年８月、熱中症による多臓器不全で志し半ばで倒れた。夏場の暑さが激しさを増す中、暑熱環境による馬へのストレスも厳しくなっているようだ。

熱中症の基本的な仕組みは人も馬も、あるいは犬や猫だって共通だ。体内外での熱交換がうまくいかなくなって体内に熱がため込まれる。脱水も進行する。生化学反応には、適切な温度と水が必須条件。各種臓器は機能低下に陥る。

だから動物種によらず、熱中症対策の方向性は「熱交換の正常化（とにかく冷やす）」と「脱水の補正（飲水・あるいは補液）」で共通だ。でも、ことはそう単純ではない。例えば水の動き方ひとつとっても人と馬では随分異なる。

脊椎動物の排水経路は主に3つ。排尿、発汗、呼気だ。尿と汗はイメージ通りだろう。呼気には水蒸気が含まれていて、実はこれが馬鹿にならない。体重60kgの標準的な成人で、尿量は1・5L／日。これに対して、約1L分もの水が、呼気含有水蒸気として輩出されている。馬の場合、体重480kgくらいの軽種で尿量は9・0L／日とされるが、呼気で失われる水分はもっと多く、21L／日程度（標準状態液体換算）にもなる。湿度が熱交換に与える影響は人より大きい。

馬は人とともに、発汗がある数少ない動物種だが、汗腺の性質が人と異なる。汗で出してしまった塩分を体内に再吸収する仕組みがほとんどない。水分と同時に電解質の失われる速度も同じだと、脱水が進行しても体液の電解質濃度は上がらない。飲水をうながすモニターは体液の濃度がセンサー。発汗で失われる水分に馬の脳はアラートを出しにくいのかもしれない。

気象庁が「熱中症警戒アラート」を出す指標となる暑さ指数（WBGT）は、人の熱交換の事情をベースに湿度や気温、日照量などのパラメータを組み合わせている。湿度や気温の生体に与える影響の度合いは、人と馬で異なるから、例えば人では熱中症警戒アラートの出る基準「WBGT33度」でも、馬が平気なケースもあれば馬では深刻なケースもある。逆に、人ではあまり問題にならない「WBGT29度」にも、馬では深刻になるケースが紛れていることもありえる。

通常の「問題のある暑さか」の基準が人の生理指標で引かれるのは人間社会だから仕方ないが、馬のためにも馬用の暑さ指標を立ててあげてほしい、そのための基礎研究が進んでほしいと思うのは、ぜいたくだろうか？

◉馬体冷却に関する常識の転換

長年の経験というのは大抵正しい。競走馬の運動生理学研究のしんどいところはしばしばそこにある。科学的に割り出したトレーニングの最適解が、厩舎社会が長年の経験と勘で積み上げてたどり着いているトレーニングプロトコルと一緒だったなんてことはしばしばだ。

でもまれに、科学によって、それまでの常識が間違っていたということがみつかることもある。馬を効率的に冷やす方法はその好例だろう。

海外で連綿と受け継がれてきた〝最適〟とされる方法は次の通りだ。「冷水をかけ、すぐに汗こきでしたたる水を除き、再び冷水をかける。これを繰り返す」。

汗こきは、金属製の輪に取っ手がついた道具で馬の被毛から水を搾り出す。欧米馬術の長い歴史が編み出した常識だった。

猛暑に対応するため、競走直後の馬を冷やす方法は馬の福祉のための喫緊の課題だ。ＪＲＡ競走馬総研（栃木県下野市）は２０１８年、競走直後の競走馬を冷やす〝最適解〟を求めて実験し、同年12月の「第60回競走馬に関する調査研究発表会」で、実は冷却中の汗こきは不要だと明らかにした。

サラブレッド５頭を被験馬とし、肺動脈血温が42度になるまで運動させた後、５つの冷却法を比べた。

（1）常歩（対照群）。
（2）常歩と風速3メートルの扇風機。
（3）常歩と3分おきに10度の冷水＋汗こき。
（4）常歩と3分おきに10度の冷水（汗こきなし）。
（5）枠馬で駐立。25～28度の水道水をかけ続ける。

肺動脈血温が39度以下となるまでの平均時間は（1）30分以上（すなわち30分待っても全例が39・5度以上だった）、（2）26・7分、（3）22・4分、（4）19・1分、（5）4・1分。当然、緻密な統計分析も行われているが、平均値だけでも（5）の突出した優位性は明らかだ。有意差こそつかなかったが（3）と（4）の比較では、冷却中の汗こきが冷却効果の足を引っ張っている可能性も疑える。

伝統的に汗こきが必要だとされてきた根拠の一つにオーストラリアの研究がある。10度程度の冷水を運動直後の馬にかけても、したたる水を測ると30度程度。ぬるくなった水を取り除き、冷水を更新し続ける方が良さそうに直観的には思える。総研の実験をみれば、かけた冷水がすぐに30度程度まで温められても、冷却効果は失われていないとするのが、妥当な考察だろう。馬の平熱は38度もある。

研究では冷却中の血漿《けっしょう》乳酸濃度も調べている。馬体冷却が速くなっても、馬の内部的な状態を悪化させては、本末転倒になる可能性があるからだ。それをエネルギーの需給状態の指標として乳酸を参考にしている。しかし乳酸の動態には変化がなかった。「水道水でいいから、四の五の言わずに水をかける」というのが、新たに発見された〝最適解〟だ。

これを受けて福島競馬場では2019年夏から、検量室から厩舎へ向かう動線に、馬用のシャワーが新設された。JRAでは暑さが本格化する夏に向けて、最適化された馬の福祉施策がとられている。

◉馬の福祉向上にとってホットなテーマ

ＪＲＡの暑熱対策はこのほかにもある。２０１９年4月に装鞍所集合時刻の5分繰り下げ、パドック周回時間の短縮、障害競走施行時刻の繰り上げの3つが発表された。そして２０２４年夏の新潟の正午を挟んだ最も暑い時間帯を外した競走時刻の配分だ。自場で競走がない時間帯も、比較的涼しい札幌では競走が進んでいるし、ファンが参加すべき競走は提供されつづける。いずれも馬が暑熱環境にさらされる時間を短縮するための施策である。

このほか、中京、新潟、小倉では装鞍所のミストを噴射式に更新。福島、中京、小倉のパドックでは、噴射式ミストのノズルを交換して出力を増した。中京でパドックが白っぽく見えたのはこのためだ。新潟、小倉では地下馬道に送風機を試験的に設置。競走後の馬体冷却に貢献できるかデータ蓄積をする。前項で紹介した実験では、送風のみでも、馬体冷却に一定の効果があるという基礎データが得られ、開催時の運用でも効果があるのか、裏付けることになりそうだ。

このほか、ルール面も若干の改正があった。上位入線した馬は、禁止薬物検査のための検体採取を受けるが、従来、対象馬は検体採取が終わるまで水が飲めなかった。現在は装鞍所の水道など、ＪＲＡがその内容についてコントロールできる水源に限り、検体採取までの間に水を飲ませることが可能に。検体採取は原則採尿。一定時刻までに排尿しない場合は採血する。競走直後は一般に脱水傾向が強くなるので、排尿しない馬も多い。競走直後の飲水が可能になると、検体採取にかかる時間も短縮され、馬や関わる人の負担が減ることも期待できそうだ。

第10章

草食動物の消化の仕組みを巡るあれこれ

◉馬体重はしばしばあてにならない

馬体重はあてにされやすい指標だが、一般に思われている変動レンジは不必要に狭いと思う。例えば「前走比8キロ増」とあれば、太め警戒するファンがかなり多いように思う。

実際、中間にいったん緩めて太め残りで出走を迎えたというケースも多いだろうが、実は8キロ程度であれば、サラブレッドの体重の日内変動の範囲内だ。もちろん日内変動の幅には個体差もあるが、10キロくらいあるのはいたって普通だ。朝一番に計って450キロの馬が、朝飼いを経て昼前に計ったら460キロなんてことは、珍しくもなんともない。

背景には草食動物の消化システムがある。牛も馬もヤギも、もっぱら乾草だけを飼料として健康を保つことができる。

乾草の栄養組成はほとんどがセルロースという糖の仲間だ。糖ではあるが、糖同士の化学結合の形が、デンプンなど脊椎動物が直接、糖として利用できるものとは異なっていて、そのままではエネルギー源としては利用できない。人間も「食物繊維」としてセルロースを食事から得るが、その機能はもっぱら腸管内の〝掃除〟であって、腸壁から血流内に取り込むことはできない。セルロースの消化吸収に関する事情は草食動物とて同じ。乾草をそのままエネルギーとして取り入れているのではない。

草食動物は消化管の途中に必ず、肉食動物や人間に比べて、とてつもなく大きな器官が1つ以上ある。馬では大腸（主に盲腸と結腸）が大きい。ウサギは盲腸が大きい。牛は胃が4つあるが、中でも第1胃（ルーメン）が非常に大きい。腹腔《ふくくう》内容積の半分以上がルーメンで占められている。消化管容積の約7割がルーメンだ。大動物の健康状態を把握する手技に直腸検査（直検）がある。肛門から手を突っ込んで（もちろんそれ用の手袋＝直検手袋＝を使う）、直腸壁を介して腹腔内臓器を触診するのだが、肛門から突っ込んだ手は容易にルーメンの後縁に触れることができる。ルーメンは食物の消化管内の流れとしてはかなり最初の段階にある臓器だが、にもかかわらず、最後の段階である肛門から入れた手が届くところまで張り出している。

草食動物はここで、セルロースを〝エサ〟とする多様な微生物を〝飼って〟いる。その現場となる臓器を「発酵槽《はっこうそう》」と言う。草食動物が飼料として摂取したセルロースはそれぞれの発酵槽で微生物の〝エサ〟となる。微生物はセルロースを取り込んで、草食動物が栄養として利用できるさまざまな化学物質を作り出す。セルロースを分解した段階では動物が糖として取り込むことができる形のブドウ糖（と、その多重体）が生じるし、微生物が作り出した少鎖（揮発性）脂肪酸を取り込めば、脂質をまかなうことができる。微生物自身は主にタンパク質でできているから、発酵槽の微生物が増殖したのをそのまま取り込めばタンパク質も得られる。

微生物による発酵反応なので、セルロースが入って来てすぐ反応、というわけにはいかない。時間がかかるということは、それだけ乾草を貯め込んでおかないと、草食動物は安定して栄養分を得ることもできないし、微生物にとっても生存環境が安定しない。だからそれぞれの草食動物の発酵槽は大きくなる。

馬の発酵槽は大腸だ。特に盲腸は長さ約1メートル、容積約30リットルというサイズ。ここに発酵中の繊維質を貯め込んでいる。発酵の現場には反応を進めるために水も富む。腸管内の容積30リットルはすなわちそれと同じ容積の水くらいの重さ、すなわち30キロ程度が見込まれる。

強い調教負荷をかけて、皮下脂肪の消費を促し、体を絞り込んでいく…という、調教による絞り込みのイメージは間違いではないが、それとは別に、消化管内に盲腸だけで30キロもの「ボロ予備軍」が貯留しているわけだ。

サラブレッドのボロは1つ1キロ程度になる。発酵槽の重量の変動の分だけで、1日10キロ程度の体重変動は平気で起こる。前走比20キロとか30キロの変動なら、そうした体重の日内変動とは別の理由があることが確実だ。ところが10キロ程度の変動では、絞ったのか、単に消化管内容物の量の変動が反映されただけなのか、断定できない。

◉皮下脂肪がついていく〝順番〟

10キロ程度の馬体重変動が、馬の太め残りや絞れたことの指標にできないなら、ファンの立場としては実馬を観察して、外貌《がいぼう》から判断するほかない。ここに実は、競馬の世界の慣習にミスリードされた落とし穴がある。

競馬中継ではしばしば「パドック解説」がある。専門紙やスポーツ紙のトラックマンが下見所を見た所感を述べる。私も中京競馬記者クラブと関西競馬記者クラブに所属していた時期にグリーンチャンネルに呼んでいただき、主に午前中の解説に入っていた。このパドック解説で太め残りを判断する根拠として「腹周りがぼってり」「腹周りに余裕が…」などと表現されることがある。

人の体形から「太め残り」を判断するとき、腹部の形を参照するのは、おそらく間違っていないだろう。遺憾ながら、個人的な実体験も、それを裏付けている。

私は人医ではないから、そのあたりの科学的な裏付けを得るのにどんな診療科のどんな教科書を引けばいいのかピンとこないが、文献をあたってもかなり古いものに頼ることになるだろう。メタボリックシンドロームのような生活習慣病関係の疫学や、治療方針と腹囲をリンクさせた疫学調査なら最近のものもあるだろうけれど、運動生理の問題として、腹囲を肥満の根拠とするのはもはや当たり前のように扱われているようにもみえる。

ところが、四足歩行動物、特に草食動物で、皮下脂肪の量の指標として、腹部に注目するのは明確に間違いだ。皮下脂肪の沈着が起こる部位の順番として、腹壁はかなり後の方になる。

大動物の現場では、家畜の肥満から削痩《さくそう》までの程度を数値化するボディコンディションスコア（BCS）という考え方がある。採点法には2通り、0〜9点で評価する「9点式」と同0〜5点の「5点式」がある。国際的に広く普及しているのはより専門的な9点式。対して英国を中心に普及する「5点式」は比較的簡便で、ポイントを絞って骨盤、背とあばら、首の3カ所を評価する。

5点式の観察部位に腹壁がないのがおわかりだろうか。9点式にせよ、5点式にせよ、最優先に観察するのは尾側からの視点だ。寛骨すなわち骨盤の周囲は、最も削痩した状態から栄養状態がよくなると、最初に皮下脂肪が沈着し始める部位だ。続くのがしばしばあばら。次に背中や首だ。

競走馬について、とんでもない太め残りの状態について「背割れ」という言葉があるが、これは背中にまで皮下脂肪の沈着が始まった状態を指す。背骨に沿った部分には皮下脂肪が沈着するための物理的スペースはほとんどないので、皮下脂肪は背骨の稜線を挟んで両側に蓄えられる。結果、この部分が谷のような形状になる。すなわち、文字通り背中が割れる。

腹壁にまで皮下脂肪の沈着が始まった現役期の競走馬を私は見たことがない。そもそも論だがよく考えてほしい。腹壁の囲んでいる部分には、内臓として何があるだろうか。腹腔の尾側の半分以上は大腸が占めている。そこは草食動物の栄養供給に重要な役割を果たす発酵槽だった。発酵槽は内容物が出入りすることで体重に10キロ前後もの日内変動を起こす。それくらい短期間でダイナミックに内容量が変わる。膨らんだり、しぼんだりするのは、馬の仕上がり具合とは関係なく、日常的に当たり前に起こることなのだ。

腹壁まで皮下脂肪の貯留場となるのは、背割れするほど太って、そこからさらに栄養過多な状態が続いた場合だ。したがって、およそほとんどの現役競走馬では、腹周りの様子というのは、皮下脂肪の貯留状態を判断するのに有益な情報を与えてくれない。

太め判断のためにまず見るべきはＢＣＳの算定時と同じく腰回りだ。特にトモの表層は駆動系の発達した筋肉が並んでいて、筋肉同士の分かれ目もわかりやすい。具体的に「後肢上肢帯の筋解剖」を覚えておくのも有力な方法だが、ファンの立場では「仕上がるとトモの表層で筋肉の分かれ目が表出しやすい」くらいに思っておくだけでも十分だろう。

こうした背景があって、馬体重の変動は、ほとんど馬券検討に役に立たないが、わずかに異常事態を察知できるケースもある。主にＧⅠ競走で実施される事前発表馬体重と当日の馬体重の変動だ。

これは、追い切った後に厩舎が通常とる臨戦過程が関係している。最終追い切りから出走当日まで、多くの厩舎は飼料を切り替える。いわゆる「勝負飼い」と言われるもので、エン麦など、発酵の手順を経ずともそのまま消化吸収できる濃厚飼料が中心の飼い葉に切り替える。

こうすると、日常の必要エネルギーは飼料から直接得られる栄養でまかなえる一方、発酵槽に貯め込まれている繊維質はボロとなって徐々に出て行くから、発酵槽の重量を減らしていくことができる。

ならば、普段から濃厚飼料だけ与えていればよいと思われるかもしれないが、事はそう簡単には運ばない。普段から濃厚飼料を多給すると、発酵槽内の微生物にも栄養過多な状態が起こる。発酵を担う微生物がセルロースから糖を作らず、食餌《しょくじ》として入って来た糖をどんどん使うと、分解産物として乳酸などの酸がたくさん生まれ、発酵槽が過剰に酸性に傾いてしまう（アシドーシス）。発酵槽の環境が激変すると、酸に弱い微生物が減るなどして微生物の組成も変わる。発酵槽内の微生物には栄養を作ってくれるものもいれば、増えすぎると病原体として〝悪さ〟をし出すものもいる。平常時は多種多様な微生物がいて、互いにパワーバランスがとれているので、宿主《しゅくしゅ》たる草食動物に病気を起こすようなこともないのだが、このパワーバランスが崩れると、さまざまな病気が生じる。その中にはX大腸炎など、致死性のものもあるから発酵槽のアシドーシスはしばしば深刻だ。

濃厚飼料中心の飼い付けは、あくまで最終追い切りから出走までの短期間だから、消化管内の様子を正常の範囲で保つことができる。そして、消化管内容物を短期に減らすことで、体を軽くすることができる。

したがって、調教後馬体重と出走時の馬体重を比べたとき、横ばいか出走当日が減っているというのが通常だ。ところが、まれに、調教後馬体重より出走当日の馬体重の方が大幅に増えていることがある。これは何が起こっているのか。

よく聞くのは、寝わらを食べてしまうというケースだ。馬は乾草を食べたがるので、飼い葉に切り草などが入っていないと、寝わらをかじり出す馬もいる。せっかく濃厚飼料だけの食餌に切り替えても、寝わらをたらふく食べたのでは腸管内容物を減らすことはできない。出ていく量より食べてしまった寝わらの方が多ければ、腸管内容物が増えることもある。これでは、出走に向けた最終段階の仕上げに失敗したということになる。

もうひとつ考えられる原因は、調教後馬体重の計測と出走当日の馬体重計測が異なる基準で行われてしまうという事情だ。2023年現在の運用では、調教後馬体重の計測にJRAは直接関与していない。厩舎がトレセン設置の馬体重計を利用するなどして把握した値を、JRAに申告するという形式をとっている。計測の責任、基準は厩舎にある。出走当日の馬体重計測はJRAが責任を持っている。両者の計測基準は科学的な文脈では、厳密には比べられる前提を備えていない。厩舎と主催者、どちらも誠実に仕事に向かい合っていることは疑いないが、計測主体が異なる現状の運用では、2回出てくる馬体重について、科学的に信頼度の高い比較検討を行うことができないことがあるということだ。

◉動物が栄養を吸収する仕組みをミクロな視点で理解する

草食動物がもっぱらセルロースを摂取するだけでさまざまな栄養分を作り出すのは、発酵槽で多様な微生物を飼っているからだ。牛の発酵槽が第1胃（ルーメン）なのに対し、馬は大腸。消化吸収の仕組みとして両者には決定的な違いがある。発酵槽と小腸の位置関係だ。

小腸が栄養素の大半を消化吸収する臓器であることは、ほとんどの脊椎動物に共通している。脂質のうち、腸内環境の温度で気体になるほど分子量が小さい（炭素の鎖が短い）ものは、大腸壁を通過できるので大腸での吸収も可能だが、糖を含むほとんどの栄養素は腸壁を突破できない。

消化管の内側は粘膜で覆われている。ミクロな視点では細胞が隙間なく並んでいるから、これを通過して消化管の外に出なければ、体内に取り込んで栄養として働くということはできない。細胞の表面を覆う細胞膜は化学的には「脂質二重膜」という構造をしている。

高校の有機化学の復習だ。炭素は4つの〝手〟を持っている。このうち2本を別の炭素との結合に使い、余った2つにはひとまず水素をつなげておく。こうすると炭素の長い〝鎖〟ができる。両端が炭素で終わっていて炭素と水素だけで構成されたのが「アルカン」だ。炭素と水素は酸素と結合するとそれぞれ二酸化炭素、水になる。アルカンの状態の炭素や水素よりもエネルギー準位がかなり低い状態になるためアルカンを〝燃やす〟とエネルギーが取り出せる。

アルカンを構成する炭素の鎖の途中で、炭素同士が2本や3本の〝手〟でつながるケースもあるが、ともかくそうした炭素の鎖の末端に「COOH」で表されるカルボキシル基をつけたのが「脂肪酸」だ。炭素の鎖は電気的には対照形。ミクロの構造に注目したとき、電子が位置的に偏ったりしていない。こうした状態を「電気的に中性」と言ったりする。

生体内で化学物質は水に囲まれた環境で存在している。水は酸素から伸びた2つの〝手〟の先に水素が結合している。酸素から伸びる2本の〝手〟は104.5度の角度で、まっすぐではない。水全体としては三角形をしている。酸素は結合に使われない電子が2つ〝余って〟いて、電気的には強くマイナスを帯びている原子だ。水1分子を電気的に見たとき、酸素側がマイナス、水素側がプラスに偏っている。こうした分子の状態を「電気的に極性がある」と言ったりする。

電気的に中性な分子と極性のある分子は、いわば仲が悪い。分子内の局地的にマイナスを帯びた部分は、近くの分子のプラスを帯びた部分と近寄りたがるし、プラスを帯びた部分は近くの分子のマイナスを帯びた部分と近づきたがる。高校物理の電磁気学でも最初に説かれるクーロン力が働くからだ。

では、脂肪酸は水の中でどう振る舞うだろうか。脂肪酸は炭素の長い鎖の部分だけ見ると電気的に中性だ（疎水基）。末端のカルボキシル基は酸素が入っているために極性が強い（親水基）。極性の強い部分や分子はそれ同士で引き合う。電気的に中性な部分や分子は、それ同士で積極的に引き合うような力が直接生じるわけではないのだが、水という極性分子に囲まれると、追いやられて結果的に電気的に中性な部分も身を寄せ合うことになる。したがって脂肪酸の末端にあるカルボキシル基は水と接するように動く。電気的に中性な炭素鎖も炭素鎖同士で並ぶ。すると水の中ではカルボキシル基が外側に出た形で球面をつくる。球の内部に炭素鎖を収めると炭素鎖同士も身を寄せ合って安定する。

この脂肪酸の水中での振る舞いを使ったのが石けんや洗剤だ。生物の体内に栄養源としてある脂質の多くは3本の脂肪酸が、それぞれの末端をグリセリンという小さな分子に接続され、3本ひとまとめになったもの。グリセリンと結合していることで、末端の電気的性質が中性に近づいて、水中で球を作るような振る舞いが封印される。石けんは生物から取り出した脂肪に加水分解という化学処理を施してグリセリンを外して得た脂肪酸だ。こうなると、水中で球状に並ぶようになる。

脂肪酸が形作った球の内面は電気的に中性な炭素鎖がそろっているから、この内部に、やはり電気的に中性で水中では居心地の悪い脂肪を取り込む。中に脂肪を取り込んだ脂肪酸の球は、表面には親水基であるカルボキシル基が並んでいるので、水の中でも居心地悪くならない。だから浮遊したり、こびりついていた油分を、石けんははがして、取り込んで、自身と一緒に水で流せるように働く。

脂肪を巡る科学の話のキモは、長く伸びた鎖状の分子の末端に、極性のある部分をつけると、水との関係で集まって特定の形をとるという、ミクロのダイナミズムだ。

これを踏まえて、腸壁で何が起こっているのか考えてみよう。細胞膜を構成するのは「リン脂質」という脂質の仲間だ。通常の脂肪酸で親水基として働いているのはカルボキシル基だが、リン脂質はさらにリン酸がつながっている。

リン酸もここまで見てきたカルボキシル基と同様に極性を持つ。石けんのように単層にならんで球を形作ることもあるが、細胞膜では疎水基同士をつきあわせて内側の水と外側の水にそれぞれ親水基表出させた二重膜として並んでいる。これが「脂質二重膜」だ。

この膜を透過することができるのは分子量の小さな脂質など、全体として電気的に中性な限られた物質に限られる。大腸から揮発性脂肪酸が吸収できるのは、このためだが、裏を返せば、ほとんどの栄養素は腸壁に積極的にその物質を取り込むシステムを用意しないと血中に取り込むことができない。

糖やタンパク質にはそれぞれ専用の通り道が用意されている。分子量が小さければ特段の通り道を用意しなくても腸壁を突破できる脂質も、分子量が大きくなるとそういうわけにもいかない。腸壁で栄養素を取り込む通り道も、非極性な分子を引きつけたりする仕組みは用意できないので、ひと工夫必要だ。具体的には胆汁がこの役割を担うのだが、これは後述する。

とにもかくにも、栄養素を消化管から血中に引き込むためには、それ専用の通り道を用意しなければならない。それが小腸の消化管としての重要な役割だ。

こうした手の込んだ、かつ生命維持に重要なシステムは、進化の過程で場所が変わることはほとんどない。何かの突然変異で小腸でこれらの〝栄養の通り道〟が消えたり、場所が移ると、その個体は生き延びることができないからだ。進化の過程はでたらめな突然変異から、適者生存の原理で有利なものが生き残っていくので、例えばピンポイントで栄養の通り道を小腸から大腸に移すみたいな都合のよい（それが本当に都合がよいケースというのも限られるだろうが）変更はなかなか起こらない。

◉小腸と発酵槽の位置関係で起こること

結局どうしたって、大部分の栄養素は小腸で吸収しなければならない。そこで、草食動物の発酵槽と小腸の位置関係についてあらためて考えてみよう。牛のように小腸より前に発酵槽がある動物は、システムとしてはシンプルだ。第一胃（ルーメン）で作られたさまざまな栄養素は、消化管の「口から肛門へ」という一方通行の流れに乗っていれば、小腸にたどり着く。牛のようにルーメンを発酵槽とする動物を総称して「前胃発酵動物」という。第1胃なのに「胃」より「前」と言うのは、第1胃には人の胃のような胃酸分泌の機能がなく、進化の視点（比較解剖学）では食道の一部が変化したものだからだ。「真の意味の胃（牛では第4胃）」より「前」という意味だ。牛のほか、ヤギやキリンもこのカテゴリーに入る。

前胃発酵動物の中には反芻を行うものがいる。ルーメンで発酵中の食物を、食道を逆流させて口に戻し、咀嚼して戻す。繊維質を物理的に細かくすることでルーメンでの発酵を手助けするシステムだ。キリンも、動物園でじっと行動を観察していると長い首を食物が逆流するのが分かることがある。反芻ができるのも、発酵槽が小腸より前にあるからだ。発酵槽と口の間に、消化吸収の現場である小腸が挟まると、さすがに逆流させることはできない。

対して、発酵槽が小腸より後ろにある動物は事情が変わる。この種の草食動物は「後腸発酵動物」と呼ばれる。馬やウサギがその代表だ。ウサギは発酵槽が盲腸。実はウサギは、盲腸の入り口あたりに独特な栄養分の分離システムを備えていたりするのだが、ウサギに限った特論の部類なのでひとまず脇に置く。後腸発酵動物が発酵産物を小腸で吸収するためにはどうしたらよいだろうか。ウサギを伴侶《はんりょ》動物とする方はご存じだろうが、ウサギは食糞行動をする。ウサギの糞には2種類、コロッとした黒色の硬糞と、緑色の残った軟糞がある。このうち、軟糞は微生物発酵によって作られた栄養素に富み、小腸に到達すれば血中に吸収される。このように「発酵産物を口からもう一度入れてやる」というのは、後腸発酵動物が栄養素を小腸に届けるための一つの解決手段だ。

馬ではどうだろうか。馬は食糞行動をしない。発酵槽である大腸で微生物が作った栄養素のうち、揮発性脂肪酸は大腸壁から吸収されていることがわかっているが、糖やタンパク質をどのように回収しているのか、実はよく分かっていない。ひとまず大半はボロとして捨てられていると考えられている。アスリートであり、エネルギー要求量も大きいはずの馬が、かなり非効率的に見える消化システムで生きているのは非常に不思議なことだ。

しかし、後腸発酵動物であることは「管理されるアスリート」としては、都合のよい面もある。例えば、牛に小腸でそのまま取り込める栄養素、すなわち糖やアミノ酸、脂肪を、直接口から与えたらどうなるだろうか。

エサはまず発酵槽であるルーメンに入る。発酵槽内の微生物も広い意味での動物だ。エネルギー代謝に使われる最終的な〝燃料〟は糖だし、〝体〟を構成するのはアミノ酸が多重結合したタンパク質や、脂肪だ。入ってきた糖は、微生物自身の代謝にも使われ、アミノ酸や脂肪も微生物自身も取り込んで使う。特定の化学物質をサプリメントとして与えようとしても、小腸より先に発酵槽を通過するのでは与えた化学物質の化学構造や組成を保持できない。言い換えれば、口から入れたものは、小腸で吸収するまでに、性質を保存できない。発酵槽にいる微生物は実に多様なので、発酵槽での反応系を踏まえて、発酵産物を細かくコントロールすることも難しい。こうなると、サプリメントは意味をなさない。

馬は発酵槽が小腸より後ろにあるので、口から入れたものは胃酸の作用さえ考慮に入れれば、ほぼそのまま、あるいは小腸に到達した段階での化学的性状を計算できる。これならサプリメントはサプリメントとして十分機能する。労役家畜として馬を見いだした太古の人がすごいのか、労役家畜としてここまで適応している馬がすごいのか。非常に神秘的な話だ。「馬は神が人に与えたもうた乗り物」と言われるのも分かる気がする。

◉ワグネリアンが命を落とした胆石の話

動物間で体の構造を比較すると、特定の臓器があったりなかったりする。ここまで散々述べてきたようにルーメンは前胃発酵動物に特徴的な構造で、われわれ人間や馬にはない。多くの動物にあって、馬にない臓器のひとつに「胆嚢」がある。

胆嚢は消化吸収のシステムにおいて重要な臓器だ。中には「胆汁」が貯め込まれている。胆汁は肝臓で作られる。コレステロールから作られる胆汁酸という化学物質に富み、脂肪の吸収に関与している。

脂肪は極性の小さな高分子。極性のある分子であれば、腸壁を通過させる時に電気的に捕まえやすい。脂肪は表面の大部分に極性がないので、化学的な捕捉が難しい。そこで胆汁酸の出番である。胆汁酸も親水基と疎水基の両方を持ち、すでに述べた石けんのような作用で、消化管内の脂質にとりつき、細かい球状の粒に分ける（脂肪の乳化）。脂肪の粒の周囲は胆汁酸が取り囲んで、粒の外側は胆汁酸の親水基が覆っているので、水の中で動きやすい。小腸壁にある〝専用道〟を通過できるようになる。

脂肪の分解も胆汁酸が助ける。脂肪分解酵素はタンパク質で、その外側は極性が大きい。脂肪が乳化する前は非極性な脂肪にはとりつくことが難しい。胆汁酸に取り囲まれて乳化した脂肪が相手なら、とりついて分解反応を進めやすくなる。

胆嚢から排出された胆汁は、脂肪とともに血中に入った後、取り囲んだ脂肪の分解吸収を経てフリーになると、再び肝臓に戻る（腸肝循環）。とは言っても、全部回収することはできず、消化管内で脂肪にとりつくことができなかった一部は、そのまま消化管の流れに沿って糞とともに排出される。人の正常便のあの色は、主にそうして脂肪吸収に参加できなかった胆汁の色だ。夕食が焼き肉だった翌朝に、しばしばあの色が強調された便になるのは、つまりそういうことだったりする。

さて、胆嚢がない馬は、脂肪吸収をどうしているのだろうか。実は基本的な仕組みはほかの動物と変わらない。肝臓は胆汁酸を作り、あるいは腸肝循環で肝臓に戻ってきた胆汁酸と合わせて、胆管を経て十二指腸に胆汁酸を送り込む。人間は胆嚢があるので、胆汁を貯め込んで必要なときに消化管へ大量投入することができる。胆嚢がない馬は、こうした胆汁酸の投入コントロールができないだけだ。

馬は野生状態では食餌に含まれる脂質がかなり少ない。栄養として利用する脂質の大部分は、発酵槽である盲腸や結腸で生じた揮発性脂肪酸だ。これらは同じ脂質でも、例えば人が食物からイメージする脂肪よりも分子量がかなり小さく、大腸で腸壁を突破できることをすでに述べた。多くの動物では、食餌に合わせて胆嚢から胆汁をまとめて消化管に放出するが、馬ではこれができない。馬の胆汁は肝臓でつくられ、小出しに消化管に供給され続けている。馬が日がな一日、青草を食べ続けるのは、食事に含まれるわずかな脂質を少量ずつでも吸収し続ける必要があるからという言い方もされる。

主に胆嚢で生じる疾患に「胆石症」がある。胆汁が貯め込まれているので、異物など核になる小さな物体が紛れ込むと、そこから胆汁に含まれる胆汁酸のほか、ビリルビンやコレステロールなどが析出し、固まって石のように硬くなる。馬ではそもそも胆嚢がなく、胆汁も小出しに垂れ流されているから、胆石が生じるのは非常にまれだ。

胆石症は人では割とポピュラーな病気だが、馬では生前に確定診断されることが少なく、論文データベース（PubMed）で「馬 胆石」にあたる英語でヒットした文献も両手に余る程度。外科手術で助かったという報告もわずかにあったが、一般状態が非常に悪くなって予後を諦めた後、病理解剖で初めて胆石が発見されるというものがほとんどだ。

2022年、ダービー馬ワグネリアンが「胆石による多臓器不全」で急死したのもそうした不運なケースの1つだった。

ほとんど起こらない病気が起こったときは、そもそも診断が難しい。病気の診断は、観察されたさまざまな臨床徴候から、それぞれの現象が起こりえる疾患の候補を挙げ、他の状況とすりあわせたり、ある種の薬剤投与で反応をみたりして、可能性を絞り込んでいく作業だ（鑑別）。ほとんど起こらない疾患は、疾患をふるいにかけていくそもそもの起点で、考慮するのが後回しにされやすい。

だからといって、あまりに丁寧に可能性の小さな疾患まで鑑別にいれていると、診断が絞れたときには手遅れということも増える。そのさじ加減をして、一概に「診断が雑だ」と批判するのは相当でない。丁寧すぎて、本来助けられた症例を助け損なうというケースが増えては本末転倒だ。

馬には胆嚢がないので、胆石ができるのは、胆汁生成現場の肝臓か、消化管までこれを運ぶ胆管。場所が絞りにくい分、発見もしづらい。人の胆石症ではしばしば痛みがあるようだが、馬の少ない症例報告では疝痛《せんつう》で気付けることも少ないようだ。慢性的な体重減少を挙げる文献もあったが、肝臓周囲では肝腫瘍や肝硬変など、ここから先に疑うべき他の疾患も多い。

同年末、国内の競走馬に関する知見の集められる学会で「巨大胆石を認めた1症例」という発表がなされた。この症例では直径約10センチという巨大な胆石が発見され、その中心部から線虫の筋層に類似した構造が発見されたという。寄生虫などの異物がたまたま総胆管内に迷い込んだことがきっかけに形成された胆石だったようだ。

胆石症は馬では鑑別対象として想起されるケースが少ない疾患ではあるが、こうした不運なケースの犠牲になった症例で得られた知見の積み重ねによって、今後、鑑別対象として考慮されやすくなっていく。今、助けられなかった馬たちの犠牲の上に、未来に助けられる馬が出てくるかもしれない。症例の積み重ねというのは、そのための知識の蓄積でもある。

第11章

数学と物理の競馬への応用

学校で学ぶ文理各教科は、とかく「社会に出て何の役に立つのか」という言い方で忌避されがちだ。そもそも「勉強」という熟語がよくないと、私は思う。「勉め」「強いる」というのは、どうしてもしんどいイメージとリンクしやすい。

私の場合、幼少期から導いてくれた各方面の恩師に恵まれたのが大きいのだが、学ぶこと自体、しんどいとかつらいと思うことはほどんとなかった。学ぶことは本来、楽しいものである。漢字の書き取りのような単純作業は、単純作業としてしまえば確かにきつい側面もあるかもしれないが、幸い、私は祖父が丁寧できれいな字を書くとよく褒めてくれた。書き取りは硬筆の書写の練習として取り組んだ。

英語も書いて身につける部分が大きかったが、筆記体で見た目にきれいな文をつくることにしばしば喜びを覚えたものだ。フランス語の筆記体は英語と若干異なり、斜めに並べがちな英語より、縦に立てた書き方をする。装飾も多く、文頭の大文字は花文字のようだし、語尾のdはしばしばギリシャ語のδのように書いたりもする。きれいに書き上げるのが楽しくなると、書いて覚えるのも苦にならない。

学問として学んだことがどう役に立つのかというのはしばしば、それぞれ教養として身について初めて分かるものだが、何も堅苦しい「世の中の真理」だとか「自然の神秘」を理解するためだけに役に立つわけではない。世の中的には不真面目に思われがちな遊びを有利に運べるようになったり、深く楽しめるようにしてくれたりすることも多い。確率の正しい理解と統計学の運用は、パチスロの勝ち抜け方を教えてくれるし、百人一首を覚えて見る中世の時代劇は、鎌倉幕府三代将軍源実朝や、平安時代の歌人紫式部や清少納言について、深みをもって味わうことを可能にしてくれる。

競馬など、教養が楽しみ方に直結する娯楽の最たるものだと思う。競馬ファンであることは、教養を得る作業の塊である。

高校の化学や物理では「沸点上昇・凝固点降下」という現象を学んだ。冬のダートには塩化カルシウムに食塩をブレンドした凍結防止剤がまかれ、夏とは馬場の性質が変わる。凍結防止剤は馬場水分に溶けて凝固点を降下。厳冬期に馬場の凍結を防ぐ。同時に蒸発しにくくもなる。だから冬場のダートは気温の影響以上に晴れても乾きにくい。

ラップタイム分析では、個々のラップの速さの評価とは別に、隣接するラップの上下をみることがある。「力は速度の微分と質量の積」とは物理の知識。隣接するラップの差をみるのは、速度の微分によって馬の加速度を測り、さらに馬の生み出す力を把握しようという試みだ。

流しやボックス、フォーメーションで馬券を買うとき、総計何点になるのか。3連複6頭ボックスは（6×5×4）÷（3×2×1）＝20点。数学の組み合わせ計算の実践だ。

馬名には英単語やフランス語があふれ、コロモホステフ、ユメノカヨイヂのように、いにしえの名歌から取ったものもあまたある。静内《しずない》、安平《あびら》、新冠《にいかっぷ》。これらの地名を競馬ファンはことなげに読む。

特に数学と物理は、競馬に関するさまざまなテーマに合理的かつ意外な真実を教えてくれる。いくつか、詳しくみてみよう。

◉斤量の力学的考察

斤量（負担重量）は、馬券検討において重要な判断材料だと思われている。「1キロ＝1馬身」などとも言われるが、実際のところどれくらいの影響があるのか、科学的に考えた言説はほとんどない。

実験を設計することがそもそも困難だ。馬の力量を科学的に検討できるレベルで定量化することがまず無理だ。実際の競走は人の短距離走のようなセパレートコースではなく、各馬コース取りを（少なくともルール上は）自由に選ぶし、展開の影響も無視できないだろう。

科学的に考えられるのは、斤量そのものが馬に要求する力学的側面だ。これはほぼ高校レベルの物理で理解できる。斤量差が、馬に要求する力に換算してどれくらいの差を生むのかというのは、さしずめ次のような物理の問題に落とし込むことができる。

数式はまったく苦手という読者は、実際に計算している部分は読み飛ばしてもらって、結果だけ見てもらってもかまわない。ただし、後にも述べるが、出てきた結果は流布している競馬予想の常識に照らすとかなり意外なものだ

質量m、m+Δmの質点P、Qがそれぞれ初速vで等速直線運動している。両質点が時刻tからt+Δtの間にv+Δvまで加速度を一定に速度変化した。このとき、質点に加えられた力についてF（Q）－F（P）＝ΔFを求め、その性質について述べよ。

運動方程式F＝maが書ければ、微分方程式を解くのに相当する手順を経ることなく、シンプルに答えにたどり着ける力学の基本的な演習だ。手を動かしてみると、

ΔF＝（Δm・Δv）／Δt

が、得られる。従って、Δmの影響は、①Δvが大きいほど大きく、②Δtが小さいほど大きい。

実際の競馬にあてはめて数値計算をしてみよう。

mは馬体重、Δmは斤量（の増分）に相当するが、結果の式からはmが消えている。すなわ

ち、この系で求められる力の差に影響するのは斤量変化だけで、馬体重は直接影響しない。

・f13秒のペースで走っていた馬が1fの間にf11秒まで加速する場合。

Δv＝2・8（m／s）、Δt＝11・92sなので、斤量差1kgあたり0・23N。中学まで使う重力換算の単位だと24・0g重だ。ほとんど影響がないことが分かる。

・発馬機（初速ゼロ）から2秒間でf12秒まで加速する場合。

Δv＝16・67（m／s）、Δt＝2sなので、斤量差1kgあたり8・34N。重力換算の単位だと0・85kg重。こちらは多少、利いてくるかもしれない。

斤量増は、発馬直後や、道中でも短時間の急激な加速では多少影響があるかもしれないが、断続的に加速するケースではほとんど影響がないことが分かる。

ハンデ戦で高ハンデをもらった馬が凡走するとしばしば「ハンデをもらったためか、追ってももうひとつ伸びなかった」などと陣営がコメントすることがあるが、少なくとも追い出しの段階でハンデが利いてくるということは物理的にはありえない。先行馬が背負っていて、「非力な馬がこのハンデ。テンに行けなかった」というのであれば、5キロ差くらいからは多少、理由になるかもしれないが、それでもかなり影響は小さい。

斤量によってハンデをつけるというのは、欧州で近代競馬が始まった頃からの習慣だけに、斤量差は着順にかなり利いてくるものだと信じられている。しかし、こうして物理的に検討してみると、少なくとも斤量差そのものが、力学的に影響するということはほとんどあり得ないということが分かる。

◉斤量増で故障リスクは増えるのか？

斤量が少なくとも力学的には競走成績にたいした影響を与えないということは分かった。あくまで影響があるとするならば、次のような理屈も頭をもたげてくるだろう。

斤量が重くなると着地時の脚元への衝撃が変わってくるのではないか？　と。

重ハンデを背負う馬に関して、故障リスクが上がるのではないか？　という、言説としてもよく指摘されるが、これも物理の問題として考えれば明解だ。

疾走時に蹄と路盤の衝突で蹄が受ける衝撃力は圧力盤などで調べられており、約1トン重程度だ。数字だけ見るとものすごく大きく思えるが、馬体重の高々2～3倍の範囲だ。人でも疾走時には体重の2倍以上の力が足にかかることが知られている。

実際、斤量が増えると衝撃力はどの程度増えるのだろうか。上で示したように、衝撃力の数字だけ示しても直観的な理解は難しいだろう。別の指標として、斤量の増分を馬場がクッション性を増して打ち消すモデルを考えてみよう。

速度ｖで進む質量ｍの物体がある壁面に衝突するとき、物体は微小な時間Δｔの間に壁面をいくらかへこませて急減速する。この壁面がわずかにへこんだ距離（衝突距離）をＬとすると、衝撃力は

Ｆ＝ｍｖ＾２／Ｌ

と書ける。Ｌは分母にあり、その大きさは壁面のクッション性の大きさを示している。

このモデルを蹄が路盤に衝突するケースに当てはめてみよう。馬体重４８０キロの馬が斤量55キロを背負った場合と同60キロを背負った場合を比べてみる。導いた式からＦはｍに比例することが分かる。今回の設定ではｍの増加割合は

（480＋60）／（480＋55）から1を引いて0・935%となる。

路盤は例えばダート走路では砂厚が9センチだから、この場合のLは長くとも9センチと想定できる。ダートより時計の出やすい芝ではこれより多少短いだろう。ではLが初期値9センチの時、今回の設定で、斤量の5キロ増を相殺するためには、Lはどれだけ大きくならねばならないだろうか。

9《センチ》×（0・00935）＝0・84《ミリ》

走路の性状の変化としては無視できるレベルに小さい。斤量が軽めとされる55キロから、酷量とも言われる60キロに増えたケースでこれだ。ハンデ戦でしばしば馬券検討の材料になるような1～3《キロ》の斤量差が故障リスク増につながるというのは、まったくもって杞憂だと言える。

◉馬は斤量差をどう〝感じ〟ているのか?

ここまで2つの見方から、斤量差が馬の疾走にほとんど影響を与えないということを示したが、まだ「信じられない」とか「何をでたらめを」というファンも多いかと思う。

こうした物理的な見方への批判として「重いものを背負ったら馬はしんどいと感じるだろう」という批判はもっともではある。この点を、生物学の視点から検証してみよう。

斤量増は重力によって馬が下方に押される力による刺激の増加と理解できる。生物において、刺激の強さの変化と、それを感覚としてどう受け止めるかという問題については「ウェーバー・フェヒナーの法則」が知られている。すなわち「感覚量は刺激量の対数（log）に比例する」。

この法則は、19世紀ドイツの生理学者ウェーバーが実験的に得た内容を、弟子のフェヒナーが一般化した微分方程式を立て、解いた結果を記述したものだ。内容の直観的理解にはウェーバーが得た実験事実の方がのみ込みやすい。

すなわち「刺激が増えたことによる感覚の増分は、増えた刺激の割合に比例する」というもので、斤量10キロに対して11キロ（10％増）がきつくなったと感じる感覚の増量は、斤量50キロに対しては51キロ（差が等しい）ではなく55キロ（同じく10％増）の時に等しく感じられる。従って、斤量増が馬の感覚に与える影響は、従来の斤量からの割合で考えなければならない。

具体的に基礎重量の変化について考えてみよう。２０２３年の年頭から、中央競馬では斤量のベースがおおむね1キロ増えた。この変化を例に計算してみよう。秋の古馬混合戦では3歳56キロ、古馬57キロ（おのおの牝馬2キロ減）から1キロ増えた。馬の感覚量の増分は割合にして考えなければならない。

馬の重量感覚としては、自分の馬体重も加えて考えなければならない。物理現象としての斤量増に馬体重は関係なかったが、この視点では馬体重の軽い馬ほど、斤量をきつく感じるということも考慮する余地がある。

具体的に、もっともこの値が大きくなるであろうケースについて計算してみよう。軽量馬として有名なメロディーレーンですら出走時の最軽量記録は330キロ（2023年12月現在、以下同じ）である。彼女がこの330キロの時に50キロと60キロの斤量差をどれくらいに感じるのかというと、

（330＋60）／（330＋50）＝1.0263

と、2.63％程度にすぎないことが分かる。切り上げても3％。これが、競走馬が斤量変化で受け取る感覚量のほぼ最大値ということになる。

1円玉は1つ1g。手のひらに1円玉だけで100円を置いたときと、103円を置いたとき、両者の重さの違いを手のひらの感触だけで判別できるだろうか？

それが、馬は自身の背負う斤量変化をどのように感じているか？　の答えだ。

◉斤量増は上り坂を苦しくするか？

まてまて。これまで斤量を物理すると述べてはいるが、全部フラットなコースでモデル化したに過ぎないではないか。という、批判もあることだろう。背負っている斤量が重くなったら、淀の3角や中山や中京、府中や阪神の直線の坂はきっとしんどくなるだろう。そう考えるファンも多いかと思う。これに関しても、高校レベルの物理で答えが出る。

JRA10場で高低差が最も大きいのは淀の3角の坂だ。ここで斤量が馬に与える影響を考えてみよう。ほぼフラットな直線走路を基準として外回り3角の坂の高さは4・3メートル。斤量mキロの馬と斤量（m＋Δm）キロの馬において、この坂を上るのに要求されるエネルギーの差はいかほどだろうか。

実はこれ、「仕事（物理量のひとつ）」と「エネルギー」の関係を本質的に理解していればたやすい。質点に対して力を加えていくとき、仕事の総量は質点が得たエネルギー変化に等しい。仕事も、力学的エネルギーも単位は「J（ジュール）」で共通している。

物理では「次元解析」という手法がある。試験においてしばしば威力を発揮するのが検算で、物理では立式の左右で必ず単位（次元）が一致する。単位が一致すれば必ず正答というわけではないが、単位が一致しなければ必ず誤答だ。高速の処理量を要求される共通テストでは、次元解析だけで選択肢が大幅に絞り込めることもある。覚えておいて損はない。

　では、淀の坂において斤量差が生むエネルギー差はいかほどか。坂下と坂上でラップが同じなら、その差は高さによる位置エネルギーのみだ。すなわち、

（高低差）×（斤量差）×（重力加速度）。

　重力加速度を9・8（メートル毎秒毎秒）とすれば、斤量差1kgあたり、この値は42・14Jとなる。キロカロリーに変換すると0・01001キロカロリー程度だ。斤量10kg差で0・1001キロカロリー。サンドウィッチマンの手にかからずとも「ほぼ0キロカロリー」と見なせる値なのが分かるだろう。

　もちろん、この帰結は「坂があっても馬には堪えない」ということまでは意味しない。馬は500kgもの自らの体重を含めて、坂上まで運ぶ。このオーダーになると総消費エネルギーが無視できないケースも出てくるだろう。ただ、10kg以下のオーダーで変化する斤量差の影響に限って言えば、無視できるほど小さい。

◉コース取りの差を幾何学する

夏の新潟の風物詩「アイビスＳＤ」は、国内にここだけの直線コースで行われる。舞台となるいわゆる新潟千直は出走各馬が外ラチ沿いに寄せていく傾向が強い。

周回コースで使用頻度の高い内めよりも、ほとんどこのコース設定でしか使われない外めの方が馬場がよいから、というのが定説だ。内と外で馬場の性状にどれくらいの差があるのかということは検証しづらいが、内枠の馬が外に寄せていくと、コース取りによって距離のロスが生じる。しかし、このロスが実際の距離にしてどの程度なのか、考えたことがあるだろうか？

どうやら実際よりも大きめに思われているらしく、美浦トレセンで複数の記者にイメージを答えてもらったところ「1～2馬身」という答えが多かった。計算してみると実はそんなに大きくない。

最内枠を引いた馬が外ラチ沿いまで直線的に寄せていって、寄せきった後はラチを頼って真っすぐ走るというモデルで計算してみよう。総走行距離はもちろん、外ラチへの合流地点によって異なる。新潟の直線の幅員はＡコースで25メートル。横方向に寄せていく幅を20メートルとした場合、外ラチへの合流地点ごとにそれぞれのコース取りで１０００メートルよりどれだけ余分に走らねばな

新潟千直、直線的に外に寄せていった際の
外ラチ合流地点による超過走行距離の違い

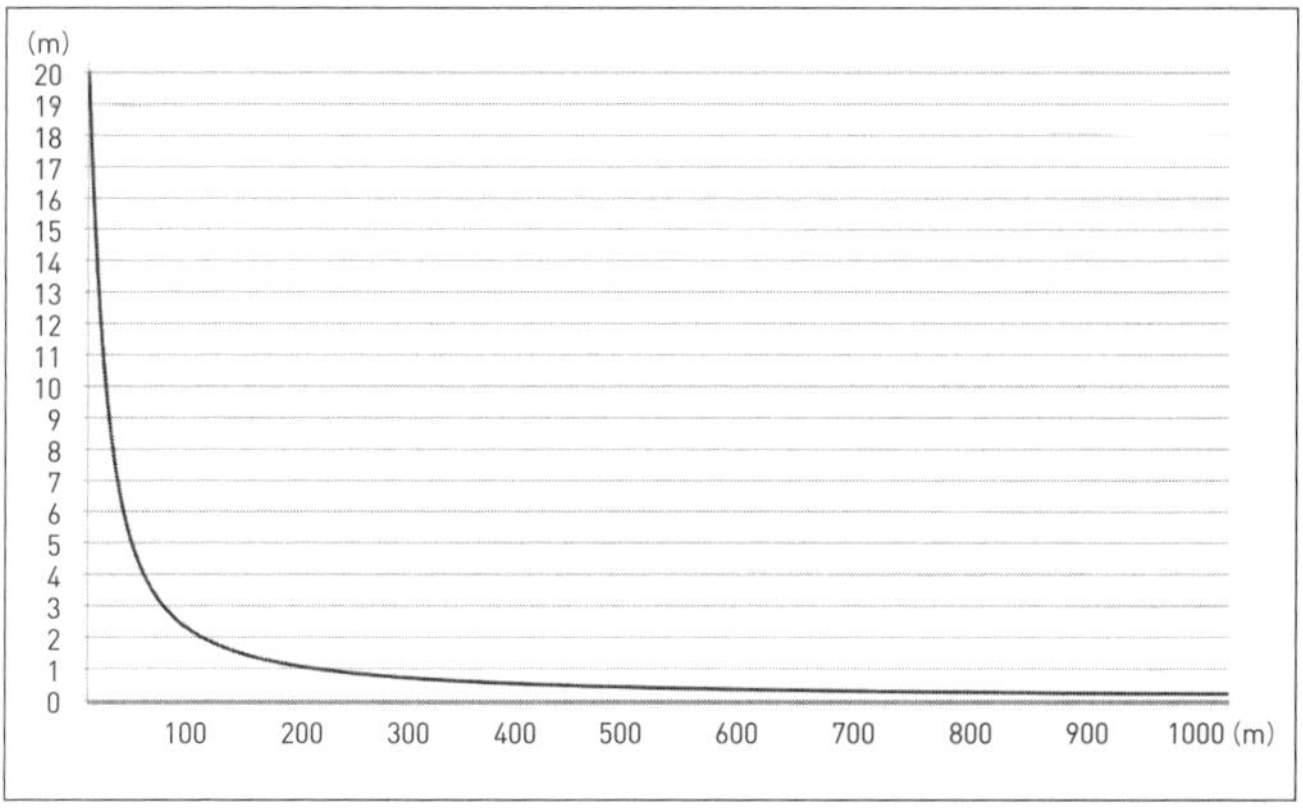

らないか（超過走行距離）をプロットしたのがグラフだ。計算は至極単純。幅員と合流地点までの2辺が直角をはさむ直角三角形について、三平方の定理（ピタゴラスの定理）を使ってコース取りとなる斜辺の長さを計算すればよい。

発馬直後に前に進まず、真っすぐ外ラチへ向かえば超過走行距離はもちろん20メートルだが、1000メートルを目いっぱい使ってゴール線で外ラチに合流した場合、超過走行距離はわずか20センチだ。実際は道中の早めの段階で外ラチに合流する。この地点を200メートルに設定すると超過走行距離は1メートルを割る。500メートルでも40センチだ。

1馬身を約2メートルと換算すると、最内の発馬から1F以降で外ラチに合流するコース取りなら、そのロスは約半馬身以下。500メートルの合流だとクビ差より小さくなる。内外の馬場の性状は無視したコース取りだけの計算だが、多くのファンのイメージよりもかなり小さいのではないだろうか？

では、周回コースで外を回らされた際の距離的なロスはいかほどのものだろうか？

以下のようなモデルで考えよう。

コーナー部分を1回ずつ通過する周回コースで、ラチ沿いぴったりを走行したときに、ちょうど競走の設定距離になるケース。ラチからの距離をｔ《メートル》に保ったコース取りで、その軌跡の長さは競走設定距離よりどれくらい長くなるだろうか？

実はこの問題、厳密な計算式を立てるには大学レベルの積分が必要だが、本質をつかまえてしまえば小学校レベルの幾何だ。超過走行距離は「２πｔ」となる。

大学レベルなのは以下の議論（図）。競馬場のコーナー部分は全体としては円形ではないが、細かく切り刻んで部分的に見ると微小な円弧（中心角の小さな扇形）の集まりだ。それぞれの微小な円弧で超過走行距離を求めると、ｔに扇形の中心角（単位はラジアン）を掛けたものになり、これを0から２πまで積分すれば求まる。

しかし、本質をとらえればもっとシンプルな問題にすり替わる。求めた微小な超過走行距離には、扇形の半径が含まれていない。すなわち、すべての微小な扇形について、半径を自由に変えても結果に影響しない。ならばそれを「定数ｒ」としてしまえばコースが円形のケースに帰着する。半径ｒの円と、同ｒ＋ｔの円の円周長の差は（πを３・14として計算するなど些末な点を除けば）小学校の算数の領分。答えは2πtになる。内ラチ沿いぴったりのコース取りに対して、1メートル外を1周回るごとに約6・28メートル（約3馬身）余分に走ることになる。

3メートル外を回り続ければ18・85メートルのロス。9馬身程度にもなる。初角から向正面までインぴったり、3角から外3メートルに出して4角まで外を回りきったらその半分で9・42メートル。

直線コースの幾何ではイメージよりも小さかったであろう超過走行距離だが、周回コースで外を回るケースでは逆にイメージよりも大きかったのではないだろうか？

周回コースで外を回った時の超過走行距離計算

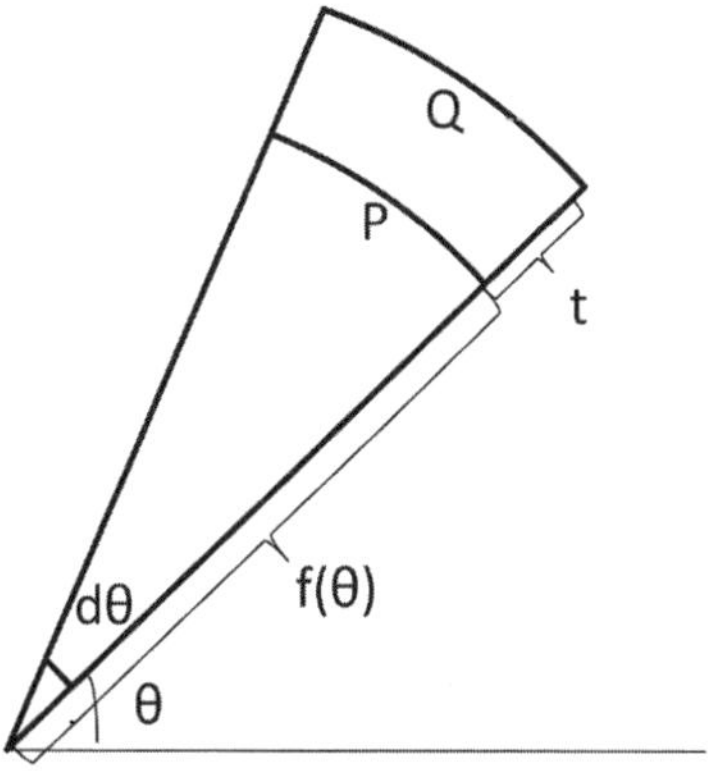

あるコースのコーナー部分の形を

P: $r=f(\theta)$

と、極形式の関数で表すと、tメートル外を回るコース取りは

Q: $r=f(\theta)+t$

円弧部分の長さの差は

$2\pi\{f(\theta)+t\}\cdot(d\theta/2\pi) - 2\pi f(\theta)\cdot(d\theta/2\pi) = td\theta$

となって、この段階でf(θ)が消える。

超過走行距離は

$$\int_0^{2\pi} td\theta = t\Big[\theta\Big]_0^{2\pi} = 2\pi t$$

特別
師弟
対談

高橋康之 調教師
永島まなみ 騎手

最前線で競馬に向き合う師弟の
貴重な生の声を収録!

再三、念押しして書いてきたことではあるが、応用科学というのは自然現象から定量化（数字に落とし込む）しやすい部分を切り取ってモデル化し、主に数学の問題に落とし込んで理論を構築する。

実験事実や観察事実と照らし合わせてその妥当性を評価し、未来予測の精度が高い理論なり方程式なりを探していく。

多種多様な要素が絡んでいてカオスな自然現象から、扱いやすい部分を切り取るところから始めるのが常だから、当然、切り捨てられていた部分から、実態とは違った結果しか得られないケースや、応用できる範囲に制限がかかることもある。

競馬に関する科学的アプローチももちろん、こうした弱点から逃れられない。カバーできない部分が必ず残るから、科学的探究には終わりがないし、分からないところが残るから、すべてのファンがそれぞれ合理的に考えるという理想的な状態で馬券が売られたとしても、見解の相違が少なからず生じて、馬券というゲームは永遠に成立し続ける。

だからこそ、競馬を科学的に考えるという思索は、絶えず、現場の厩舎人の感覚や、実情にフィードバックされ、ブラッシュアップされていかなければならない。

その一環として、本書の上梓に際し、著者と高橋康之調教師と永島まなみ騎手との鼎談を企画させていただいた。

本書に記した内容の一部について、厩舎人

としての所感や、現場への応用可能性についてうかがった。

若原　よろしくお願いします。お二人には、栗東担当時代や、現在も主に関東圏や夏の北海道開催時に取材でしばしばお世話になっておりますが、今回はあらためて、私が競馬に関するテーマについて科学的切り口で書いてきた内容について、現場の厩舎人のみなさんが、どのように考えていらっしゃるのかというところをうかがいたいと思います。

はじめに、コース形態とコース取りのお話から端的な例として2つうかがわせてください。

新潟の千直は多くの陣営が外ラチ沿いでのゴールを目指すコース取りをします。もちろん、外側の方が走りやすい馬場状態であるというトラックバイアスがかかっていることを考慮しての判断だと思うのですが、内枠を引かされたとき、外に導く分の距離のロスもご承知のところと思います。

最内を外ラチからだいたい20m離れた位置とすると、発馬後すぐに外ラチに振ってから外ラチ沿いを1000m走るとロスは20m。対して、発馬後1Fあたりで外ラチに合流するようなコース取りだとロスが1m程度になります。

実際、乗っていらっしゃって、この距離のロスについて、どこで合流できたらよいなどのイメージをどのように考えていらっしゃるのでしょうか？

永島　千直は開催が進むにつれて内が悪くなるので、外がセオリーというのはあるのですが、開幕週などは内も馬場がきれいなので、真っすぐ走ってもいい結果に結び付くことがあります。

出走馬はそれぞれスタートもスピードも違いますし、できるだけ早めに外を取りたいのですが、どこで合流すればというのは私の場合は具体的に考えることはないです。それよりも周りの速さとの兼ね合いを考えることが多いです。距離ロスより、どれだけいかにスムーズに競馬が出来て流れに乗って行けるかということのほうが大事だと思って乗っています。

若原　例えば、2023年の春のローカル新潟（5月6日新潟12R）だったと思うのですが、藤田菜七子ジョッキーが雨中の道悪での新潟千直で16頭立ての1枠2番枠から、発馬直後に一目散にまず外に馬を振るということをやりました。

11番人気3着と馬券にも貢献し、注目を浴びたのですが、ああいった距離ロスもいとわずという極端な作戦も、条件によっては前向きに考慮する価値があるということになりそうですね。

永島　あれはほんとにハッとさせられる騎乗でした。だれに聞いても外がセオリーと言われていますから、変に周りについていって結局真ん中あたりを通るなら、むしろあれもありなのかなと勉強になりました。

若原　それだけトラックバイアスの影響が大きいということなのですね。内外の馬場の差というところは、ファンの立場からすると、なかなか開催中に定量化して把握することが難しいところだと思いますが、乗りながらそのあんばいを探ってレースプランを練るジョッキーのみなさんの苦労たるや、というお話だと思います。

　コース取りと距離の問題についてはもう1点、コーナリングにおける「外を回るロス」についてうかがいます。周回コースを1周する

場合、内ラチぴったりと、内ラチから、例えば3m離れたところを保って走った場合では、走行距離に円周率の6倍ですから18・9mほど走行距離が違ってきます。外を回るロスというのは、ジョッキーとしてはどれくらい大きなものだと感じていらっしゃるのでしょうか？

永島　具体的な距離感としては分からないのですが、内ぴったりが一番短いのは間違いなくて、それ以外は全部ロスになってしまいます。内から2頭目ならともかく、3~4頭目くらいになってしまうと馬にも負担がかかってしまいます。なるだけ内というのはもちろん意識して乗っています。

高橋　外を回ったロスが数m以上という感覚はもちろんありますよ。特に近年のスピード競馬になってからは、1、2コーナーと3、4コーナーで、いかに馬のフォームを作ってコーナーワークを回ってこられるか。そこがいわゆるタメになって最後の末脚につながります。

コーナーを回る際に遠心力がかかるので、そこでいかに外に壁を作って前に向かって進むように馬の姿勢を作るかということが大切です。

外を回れば遠心力も大きくなり、距離ロス+エネルギーロスになってしまう。ゴールまでにエネルギーを使い切らず、ゴールした時にいかにエネルギーを使い切るか。

内をつくのか、外を回すかは永島騎手が先ほど話したように、自分の馬の手応えや脚質、メンバーの傾向による進路が開きやすい、ふらふらされるかもしれないなど、あらゆることを折り込んで判断していくことだと思います。

若原　馬の走行フォームの話なのですが、JRA競走馬総研が、走行による疲労でフォームがどのように変わるのか、実際の競走を撮影して割り出した研究があります。主にストライドが小さくなるというデータが得られているのですが、乗っている感触としては馬が一杯になった時、フォームはどのように変わるものなのでしょうか？

永島　スタートして、だいたいの馬が3～4角あたりから、手応えがある馬となくなってしまう馬に分かれてしまうと思います。

みんなが一律で同じというわけではなくて、重心が前にある馬だと、しんどくなった時に自分の体重で伸びてしまったりするのですが、逆に上に上にと上がってくる馬もいます。

どうしても促そうとしても、それ以上、ハミでコンタクトを取れなくなってしまうというところで鞍上に伝わります。

若原　先生はジョッキー時代に障害も乗ってらっしゃいましたし、一杯になった時の馬の変化についても、平地のジョッキーよりよく分かっていらっしゃるところもあるかと思います。そのあたりどうなのでしょうか？

高橋　障害は全身運動です。後ろからの推進が背中を通って、前脚、クビにつながっていく。全身を波のように動かして進んでいくというところがあるんですね。

クビが長い馬、短い馬、胴体や脚の長い短いにもよって、ハミにもたれてしまったり、クビの短い馬では上に上がってしまったりとかするのですが、馬がしんどいなりに自分の中でバランスを取ろうとしてフォームが変わります。

もちろん、馬はもっと複雑な動きをしているのですが、例えるならば、エネルギーが小さくなると、単純な振り子の動きが小さくなっていく、あのイメージです。

若原 ピッチの変化に関してはどうでしょうか？

高橋 もちろん、そこも落ちてきますよ。ストライドも小さくなりピッチも落ちてきます。頭が高い馬なんかは、上に上がって脚が出てこなくなります。

若原 騎乗フォームのお話なのですが、最近、馬と騎手をモーションキャプチャという手法で力学的に解析する研究が進んでいます。

動力で動く木馬に乗った騎手の重心移動を追う実験で、JRA競馬学校の騎手経験の長い教官と、生徒で比べると、軌跡の回り方の方向が違うそうです。

おそらく、馬の動きを積極的に緩衝しているのが教官、馬の動きに人が動かされているのが生徒という軌跡に見えるのですが、ジョッキーの感覚としては、こうした重心移動のシフトを感じるところがありますか？

永島 私など全然まだまだなのですけれど、ひとつ思うところとしては芝とダートで重心の位置が違うということは感じます。言葉にするのは難しいのですが…。

高橋 その感覚は分かります。なぜかも分かります。基本は、馬がどういう動きをしているかというところです。

馬の動きのメカニズムに対してジョッキーがいかにどうバランスよく乗って、邪魔をせず、動きを助長していくかというところが大事なところです。

若原　芝とダートでは馬の動きが変わるから、当然、ジョッキーがこう動くべきというゴールも変わると。

高橋　軽いか、力がいるかというところです。芝は着地から離地までが短いじゃないですか。ダートはもう一踏ん張りさせて馬体を持ち上げる力がいるので、その踏ん張りをジョッキーがぐいっと乗りすぎてもだめだし、そこでジョッキーの動きも変わってきます。

障害を跳ばす時も違います。ジョッキーの癖でも違うのですが、膝を締めてしっかり踏ん張らせる乗り方をする人もいれば、開けて自由に行かせる人もいますね。馬の上体を少し起こし気味に踏ん張らせなければいけないので、先ほどの実験の生徒と近い状態だと思います。動かすには教官側の重心の軌跡ですが、踏ん張らせるには頭を上に上げておかないといけない。そうしないと後ろが入らない。その状態を作りながら勢いに乗せて飛越させます。

欧州なんかでは馬のメカニズムを勉強した上で、どう動かすか、どうコミュニケーションをとっていくのかというのをやっていくお国柄です。馬の扱いが違いますし、馬場の違いにも起因するのでしょうけれど、そういうところで乗り方も変わってくるのだと思います。

ジョッキーは皆経験として、させたいフォームをさせる乗り方をしていると思いますよ。経験的に覚え、より経験を積むことで、バイオメカニズムの研究が言っていることがこういうことなんだと分かってくると思います。

若原　馬体重のことをうかがいたいと思います。消化管内容物の量が多いので、馬体重が1日で10kg変わったりするのは普通のことだと思うのですが、ジョッキーや調教師のみなさんは、それぞれの立場で馬体重ってどれくらい気にしていらっしゃるものなのでしょうか？

例えば永島騎手は、他厩舎の馬に騎乗するとき、担当者と馬体重の話などされますか？

永島　調教の段階では、動きが重いなとか疲れているなというのはあるのですが、レースの前走と当日発表される体重は見るようにしています。変動が大きければ、例えば担当者の方に「成長分ですか？」と聞いてみたり、担当者さんから先に言ってくださったりします。それをすりあわせて、返し馬で、状態を推し量ったりします。

若原　馬体重推移というのは新聞では重要な情報のひとつとして扱われますから、私も厩舎取材でしばしば聞きますし、高橋先生はじめ、厩舎のみなさんには丁寧に答えていただきありがたいのですが、それはそれとして、高橋先生の場合、馬体重について、管理する上で、どのようなファクターととらえてらっしゃるのでしょうか？

高橋　あくまで私は、と言う話ですが、そこまで重要視はしてないですね。なぜならば成長期とか、具体的には筋肉量だったりとか、体（骨格）が大きくなったりとか、ほかにも、筋肉がやせたとか、長期休養があったときに筋肉と脂肪の量のバランスだとか、そういうものが複雑に絡み合った中で、今現在の馬体重が出てくるからです。

それに対して、管理する立場としては常に更新、更新なんですね。レースしてどうなのか、調教してどうなったのか。ジョッキーの乗った感覚と、常に照らし合わせて、現在走れるのかというところを見極めて判断していく。馬体重はその中の情報のひとつとして見ています。例えば、極端に増えたとき、減ったとき、なぜだろう？　とは考えますけれど、おそらくこうだろうと推測して、レースから上がってきたジョッキーの話で、手応えがどうだったとか、太く感じたかと聞きます。そのすりあわせの中で、太かったかなとか、筋力が足りなかったかなと、考えて進めて行きます。

多くの他の厩舎も同じだと思いますが、週に1回か2回必ず、ボディコンディションをチェックして、その中で、脂肪がどれくらいあるか、筋肉量が増えたねとか、そういうところを見て、調教でどういう時計で走ってきた、切れる脚が使えた、今までの時計を更新したねとか、あらゆるところを見ます、その上で、最後に馬体重を見るんですね。

馬体重ありきで、飼い葉を増やしたり減らしたりとかはしません。例えば、馬がやせ細っていたら、タンパク質を増やした飼い葉を指示しますし、あくまで、個々の馬たちのボディコンディションを見た上で、ひとつの情報としての馬体重という見方をしています。

ディープインパクトはトレセン入厩当初400kgもなかったですからね。ファンの人も最近は目が肥えてきていますから、馬体重が出たときに、その数字をどうのこうのではなくて、その数字として出てきた、その馬はどうなのか？　と、あくまで実馬を見て、いろいろな角度で考えてほしいですね。その方が的中馬券に近づけると思いますよ(笑)。

若原　科学的トレーニング手法のことをうかがいます。低酸素トレーニングを導入している育成場が増えてきています。先生は低酸素トレーニングについてどう考えていらっしゃるのか教えていただけないでしょうか？

高橋　私は、その手法に関してはまだ情報不足です。低酸素トレーニングは心肺機能強化に特化した手法ですよね。現時点での私の感覚では、馬って15－15を超えた時計では心拍数はほぼ一定になってきます。15－15の数をやっていけば、馬は低酸素トレーニングで得られる域に達するのでないでしょうか。要は手っ取り早いかどうかということだと思いますが、それが馬の成長にあったものかというところには警鐘を鳴らしたいと考えています。もう少し馬の成長とか自然に任せたトレーニングをした方が、個々の馬の将来のためにはいいんじゃないかと、今は思っています。

若原　そこは低酸素トレーニングの研究者も

指摘しているところです。実際の競馬は人が乗ってやるもの。トレッドミルに乗せて心肺機能強化をしてもノーコントロールな馬ができるだけ。調教においても人が乗って行うものはどうしても外せません。

高橋　低酸素でないトレッドミルのトレーニングについても、同じ事が言えるでしょうね。人が乗るというのは乗った人の重さを支えるバランスとか、力が必要になってくる。トレッドミルだけの調教でいくらいい時計を出していても、例えばボテッとしたままで、腹筋がついてきません。実際、育成場との実験で1年間トレッドミルをやってみたことがあるのですが、一番つかないのが腹筋ですね。

負荷という部分においても、騎乗調教とトレッドミルでは内容が違ってきます。人が乗ると多少なりとも前後左右、ぶれます。馬はそのバランスを保とうとします。微妙なバランスの取り方で、踏ん張り方、筋肉の使い方も違ってくる。

そうすると、筋肉だけでなく、骨の成長度も変わってきます。骨もある時期に負荷をかけておかないと強くなりません。その時期にトレッドミルだけに頼るのはよくないでしょう。当然、（脚元の）弱い馬ならトレッドミルである程度化骨が進んだりすることもあるでしょうけれども、そうでない馬はどんどん人が乗って負荷をかけていかないと、自分なりのバランス、人を乗せるバランスが強くなりません。筋肉も骨も強くなっていかないし、

馬の感覚として、人を乗せるバランスに違和感が出てきてしまいます。休養明けとか、人が乗るとトラブルが起きる馬だったら、それである程度のところまで仕上げていくのはいいかもしれませんが、全部それでやるというのはどうかと思います。

心肺機能だけ強くしておきたいとか、やはり使いようですよね。最終的に、その馬がどうなのかという個々の事情を丁寧にみることが大切ですよね。

若原　科学的トレーニングという切り口では、走行速度と心拍数を照らし合わせることで、心肺機能の強度が把握できるということが知られています。実際、心電計を装着して乗り手がそれをモニターしながら調教するという厩舎もあるのですが…。

高橋　開業当初はやっていましたがやめてしまいましたね。システムとしてだめだったのではなく、出てくる数字と見た目の感覚と、ぴったりあっていました。仕上がりに関して、こうだろうなと思っていたのと、出てきた結果を照らし合わせるとぴったり合っている。出てくる数字はちゃんと科学的に立証されていて、それで仕上がっている、仕上がっていないというのがすごくよく分かって、いいと思いますが、別に見て分かることならば、使わなくてもいいなと。

若原　手練れの職人の感覚たるや、いかにすごいかというお話だと思います。普段使わない馬場での調教を強いられる海外遠征で応用価値が大きいという話もあるのですが。

高橋　馬へ関わる立場で、分野を分けてしまうということをまずは避けたいですね。担当者とか獣医師とか、鉄屋さん（装釘師）、乗る人、その馬に関わる人たちがきちんと話ができて、その中で数字的な根拠があればいいのですけれど、数字ありきで進めてしまうと、逆にそこに「馬」という生き物がいなくなってしまう。

そこをなくさなければすごくいいデータかなとは思いますが、危険性もはらんでいることは覚えておかねばならないと思います。ジョッキーだって、だいたい太かったかなとか、動きを見たら分かるんですよね。例えば心肺機能ができていても、脂肪がついていたら結局太いんです。馬体重と一緒でひとつのデータとして受け止めて、個々の馬を丁寧に見てあげることを忘れないようにしたいですね。

若原 競走馬を対象とした科学研究では、出た結果の多くで、厩舎人の積み上げてきた経験的知見の裏打ちができました、ということもしばしばなのですが、今回のお話の中で厩舎人の「経験と勘」のすごさというところに触れられた気がします。

高橋 運動生理学的に15−15のトレーニングの意味（馬の心拍数は走速度がF15秒程度で毎分200拍程度に到達し、その後は速度を上げても心拍数上昇が緩やかになる。つまり15−15の速さが脚元への負担に対する、心肺機能強化のリスクバランスにおいて最適解ということが分かっている）が分かる前から、厩舎ではそれを知らずに15−15をやってきたわけです。ただ、筋力の負荷とか、馬への忍耐力をつける、トップスピードをつくるとか、そこをやらないとレースでは通用しなくなってくるので、15−15だけやっていればいいかと言えばそうではないですから。

速いところと、常歩・速歩・駆歩と、いかにクオリティの高い馬を作るかというのが、厩舎としては大事になってきますよね。

若原 あらためて、理論的にも研ぎ澄まされ、職人たる厩舎人のお話をうかがうことができて、とても良い機会をいただきました。本日は、ありがとうございました。

における浅屈腱炎の評価／第63回競走馬に関する調査研究発表会（2021年度）／Tsujimura et al. 血清検体からのウマヘルペスウイルス1 型の検出／ Nemoto et al. ヒト用インフルエンザ遺伝子検査キットの馬インフルエンザ診断への応用／ Shinyashiki et al. 162 頭における運動時内視鏡検査所見および安静時喉頭機能グレードとの関連性／ Ebisuda et al. 暑熱順化がサラブレッドの生理学的機能に及ぼす影響／ Mukai et al. 高強度持続運動および高強度インターバル運動に対するサラブレッドの生理反応および骨格筋適応／ Y. Takahashi et al. 長距離輸送による下部気道疾患予防のための頭頚部自由度の重要性／ Bannai et al. 長距離輸送された馬における馬鼻肺炎ウイルスに対する粘膜免疫の低下／ Sato et al. 立位鎮静局所麻酔下の喉頭形成術におけるモルヒネ投与が術中・術後に与える影響／ Onuma et al. 競走馬のドーピング検査におけるメタボロミクスの応用／ Yamamoto et al. 発酵飼料が腸内細菌叢に与える影響／第64回競走馬に関する調査研究発表会（2022年度）／Hayashi et al. 巨大胆石を認めた1症例／ Endo et al. 繁殖牝馬における選択的駆虫法の応用／ Nemoto et al. 人工合成ウイルス由来不活化ワクチンの馬インフルエンザに対する防御効果／ Bannai et al. 筋肉内接種と経鼻接種を組み合わせた馬鼻肺炎ワクチン接種プログラムによる防御効果／ Katsurajima et al. 繋部浅屈腱炎の発生状況と予後に関する回顧的調査／ Ebisuda et al. 暑熱環境下での一過性の運動に対するサラブレッドの骨格筋適応／ Negisi et al. ミオスタチン遺伝子型が育成馬の体組成および運動能力に及ぼす影響／ Toju et al. 喉頭形成術後における披裂軟骨外転グレードと予後に関する調査(2016-2021)／第65回競走馬に関する調査研究発表会（2023年度）／Kinoshita et al. 腸炎発症馬における腸内細菌叢の特徴／ Nemoto et al. 中和試験による近年流行ウイルスに対する馬インフルエンザワクチンの評価／ Kume et al. 育成馬に対する馬鼻肺炎ワクチンの早期接種および冬季の再補強接種の検討／ Ebisuda et al. 暑熱環境下における高強度インターバル運動が生理的応答および骨格筋適応に及ぼす影響／ Mukai et al. 高酸素下での高強度インターバル運動に対するサラブレッドの生理的応答及び骨格筋適応／ Katsurajima et al. 屈腱炎のリハビリテーションプロトコルに関する検討／ Tamura et al. 浅屈腱炎モデルに対する間葉系幹細胞凝集体の修復効果／日本ウマ科学会第18回学術集会(2005年度)／シンポジウム「スターホースの走りを科学する」／ T.Takahashi「走行中のバイオメカニクス」／日本ウマ科学会第26回学術集会(2013年度)／ Y.Takahashi et al. 栗東トレーニング・センターに在厩している競走馬の発情調査／日本ウマ科学会第27回学術集会(2014年度)／ T.Takahashi 牝馬は夏に強いのか?複勝率の季節変動から見た性差／ Kuroda et al. 競走馬におけるClostridiumu difficile感染症と特発性挑戦の特徴について／日本ウマ科学会第28回学術集会(2015年度)／ Y.Takahashi et al. 牝馬は暑さに強いのか? －熱中症発症率の性差について－／日本ウマ科学会第29回学術集会(2016年度)／ Innan et al. サラブレッドの全ゲノムSNP解析：概要／ Fawcett et al. サラブレッドの全ゲノムSNP解析：応用と今後／ Sakamoto et al. サラブレッドの毛色遺伝子再考／日本ウマ科学会第30回学術集会(2017年度)／ Fawcett et al. 全ゲノムSNP解析によるサラブレッドのゲノム比較／ Tosaki et alゲノムワイド SNP による日本在来馬の遺伝的構造および系統解析／ Shikichi et al. 同一牧場において流産の集団発生を引き起こした EHV-1 のアウトブレイク／日本ウマ科学会第31回学術集会(2018年度)／ Ebisuda et al. V200 から見るJRA 育成馬の調教状況の考察／ Kitaoka et al. 一過性の低酸素運動がサラブレッド骨格筋の乳酸トランスポーター mRNA 発現に／及ぼす影響／ Fawcett et al. 日本のサラブレッド集団を含むウマ20 品種のゲノム比較解析／ Sakamoto et al. 日本のサラブレッド集団形成に関わった遺伝子の探索とその進化／日本ウマ科学会第32回学術集会(2019年度)／ Nomura et al. 深屈腱支持靭帯炎を発症した乗用馬・競走馬の8例／ Sakamoto et al. サラブレッドにおける良い種牡馬の遺伝的条件／ Asakura et al. レースにおける競走馬の一完歩時間情報の分析／日本ウマ科学会第33回学術集会(2020年度)／ Y.Takahashi et alレース後半の疲労が走行フォームに与える影響／ Aoki et al. Ultrasound Tissue Characterization（UTC）を用いたリハビリ期における／浅屈腱炎の評価／ Seki et al. ウマの突然死予防に向けた心室微小電位解析の有用性に関する研究／ Kotoyori et al. 若馬の成長にともなう喉頭片麻痺所見の変化ならびに母馬との関連性／日本ウマ科学会第34回学術集会(2021年度)／ Mukai et al. 高強度インターバル運動に対するサラブレッドの生理的および骨格筋応答／ Y.Takahashi et al駈歩時の運動強度と筋活動の関係／ T.Takahashi et al競走時におけるサラブレッド競走馬の水平速度変動と四肢の役割／ Hadaアーモンドアイの強さの秘密－調教中心拍数・調教後血中乳酸値・レース時走速度を用いた運動生理学的評価－／日本ウマ科学会第35回学術集会(2022年度)／ Mukai et al. 高強度インターバルトレーニングと中強度持続トレーニングに対するサラブレッ／ドのトレーニング適応／ K.Takahashi et al高強度インターバル運動時における休息時間の違いがサラブレッドの／乳酸代謝に与える影響／日本ウマ科学会第36回学術集会(2023年度)／ Tada et al. 育成牧場における馬の消化管寄生虫の虫卵排出状況と駆虫薬の有効性／ Ogi et alトレッドミル上の駈歩におけるウマの前後方向の質量移動に関する考察／ Omura et al競馬用シミュレータにおける騎乗者重心軌跡の分析／ Nomura et al日高管内のサラブレッド生産牧場における消化管内寄生虫汚染状況に関する調査／ Takashima et alレポジトリー内視鏡検査における喉頭形成異常の有所見率と予後の考察／山内昭二・加藤嘉太郎「改著家畜比較解剖図説上巻」(養賢堂）／JRAHP「競走馬・馬体の仕組み／馬体の名称」／JRAHP「競走馬・馬体の仕組み／筋肉の名称」／JRAHP「競走馬・馬体の仕組み／左前肢下脚部（外から見た）の筋肉・腱」／ Bruce Alberts et.al. 中村佳子ら訳「Essential細胞生物学」(2000年・南江堂)

【参考文献】

第51回競走馬に関する調査研究発表会（平成21年度）／ Tagami et al. サラブレッド241頭の喉頭片麻痺に対する喉頭形成術の術後成績 ／第52回競走馬に関する調査研究発表会（平成22年度）／ Kunii et al. 競走馬の距離別成績・年齢と最高心拍数・VHRmaxとの関係 ／第53回競走馬に関する調査研究発表会（平成23年度）／ Niwa et al. 競走馬に発生したクロストリジウム・デフィシル感染症 ／ Kasashima et al. 腱組織内に移植されたウマ骨髄由来間葉系幹細胞の動向（第2報）／ Kamiya et al. 競走馬における疾病の予後調査について ／ Ando et al. サラブレッド種育成馬における繋靭帯脚炎と近位種子骨X線像の関連性 ／第54回競走馬に関する調査研究発表会（平成24年度）／ Tamura et al. 浅屈腱炎の治癒過程における腱組織内の血管新生とその消失 ／ Mae et al. トレセンにおける薬剤耐性回虫の寄生状況について ／ Sato et al. 背側披裂輪状筋の超音波による評価 ／ Omura et al. 鎮静処置が喉頭片麻痺のグレードに及ぼす影響 ／ Tosaki et al. ミオスタチン遺伝子多型のサラブレッドへの影響 ／ Hidaka et al. 繋靭帯脚炎を発症したサラブレッド育成馬の予後／第55回競走馬に関する調査研究発表会（平成25年度）／ Maeda et al. 騎乗運動中に発症する上気道狭窄の調査／ Iimori et al. 屈腱部超音波検査で低エコー像を認めない症例の予後／ Kasashima et al. 平地競走馬の腱損傷に対する幹細胞移植治療の臨床試験成績／ Takebe et al. サラブレッドにおけるミオスタチン遺伝子多型と持久力との関係／ Tosaki et al. LCORL遺伝子多型がサラブレッドの体型に及ぼす影響／ Matsui et al. 給与飼料の種類が競走馬のエネルギー利用に与える影響／ Ode et al. トレーニング・センターにおける馬鼻肺炎ワクチン接種体制変更前後の流行状況調査／ Bannai et al. トレーニング・センター 3歳馬に対する馬鼻肺炎ワクチン全頭接種による集団免疫効果／ Yamanaka et al. 静脈内投与が可能な抗インフルエンザ治療薬（ペラミビル）の馬インフルエンザ治療への応用／ Niwa et al. クロストリジウム・ディフィシル感染症発症馬と術後入院した非発症馬から分離された株の遺伝学的性状の解析／第56回競走馬に関する調査研究発表会（平成26年度）／ Tamura et al. 超音波エラストグラフィの浅屈腱炎診断への応用に関する研究 －第二報／ Asano et al. 屈腱炎の治癒過程における腱組織内微小血管の動態とその予後／ Omura et al. 低酸素および常酸素環境下における高強度運動時の呼吸循環機能／ Mukai et al. 低酸素下での高強度トレーニングはサラブレッドのパフォーマンスと有酸素能力を向上させる／ Fujiki et al. 競走馬の腸炎に関する回顧的調査／第57回競走馬に関する調査研究発表会（平成27年度）／ Fukuda et al. 競走中 に発症する 第3中手骨々折および第1指骨々折に関連する要因について／ Tagami et al. サラブレッドの上部気道疾患に対する内視鏡下レーザー手術／ Iwamoto et al. 微酸性次亜塩素酸水の空間噴霧による馬運車内環境の改善効果／第58回競走馬に関する調査研究発表会（平成28年度）／ Yamanaka et al. 馬インフルエンザ診断に 対する銀増幅技術を用いた簡易診断システムの評価／ Yamazaki et al. JRA 育成馬を用いた育成後期の V200 と競走成績に関する調査／ Omura et al. トレーニングが酸素摂取量および肺拡散能におよぼす影響／ Mukai et al. 低酸素トレーニングはサラブレッド骨格筋の毛細血管を増加させる／ Tagami et al. 578頭のサラブレッドの喉頭片麻痺に対する喉頭形成術／ Tsujimura et al. トレーニング・センターに導入された馬鼻肺炎生ワクチンの評価に関する調査／ Tomita et al. 競走中に発症した第3中手骨々折と調教内容との関連性について／第59回競走馬に関する調査研究発表会（平成29年度）／ Yamazaki et al. 浅指屈腱炎発症馬の競走復帰に影響する因子の検討／ Iimori et al. 屈腱炎の旧リハビリテーションとの比較から現行リハビリを評価する試み／ Asano et al. 腱内血管とエラストグラフィを用いた浅屈腱炎早期診断の試み／ Kasashima et al. 腱組織内に移植されたウマ骨髄由来間葉系幹細胞の動向～第3報～／ Sakai et al. 反回喉頭神経障害における背側輪状披裂筋の超音波検査の有用性について／ Mizukami et al. 乳酸値を用いた育成馬の調教効果判定およびミオスタチン遺伝子型別特徴／第60回競走馬に関する調査研究発表会（2018年度）／ Mitsuta et al. 第3 中手骨々折および第3 中足骨々折の手術成績／ Y. Takahashi et al. 暑熱環境下における効果的な馬体冷却法の検討／ Mukai et al. 低酸素トレーニングにおける酸素濃度がサラブレッドの運動パフォーマンスや有酸素能力に与える影響／ Bannai et al. 馬鼻肺炎の経鼻接種と筋肉内接種による防御効果の比較／第61回競走馬に関する調査研究発表会（令和元年度）／ Mukai et al. 低酸素下での4 週間の中強度トレーニングが運動パフォーマンスや有酸素能力に与える効果／ Ebisuda et al. 暑熱環境下における運動前馬体冷却の効果／ Harada et al. 調教時の血中乳酸値の評価－性別、競走クラス、距離適性および競走成績との関連性－／ Takebe et al. 若馬の長時間輸送時における下車を伴う休憩が免疫機能に与える影響／ Kinoshita et al. POT 法によるClostridioides difficile の遺伝子型別／ Bannai et al. トレーニング・センターへの馬鼻肺炎生ワクチン導入の効果／ Kawashima et al. 繋靭帯炎における低エコー所見と予後の関連性／ Tamura et al. 生体吸収性微粒子を用いたウマ幹細胞凝集体の腱組織内における残存性／第62回競走馬に関する調査研究発表会（2020年度）／ Nemoto et al. 人工合成ウイルスを用いた現行馬インフルエンザワクチンの有効性評価／ Ota et al. 人工合成ウイルス株を用いた馬インフルエンザワクチンの展望／ Tsujimura et al. 2019-20 年度の馬鼻肺炎の発生に関する疫学的考察／ Takebe et al. 育成期の競走馬における馬鼻肺炎生ワクチンの効果的な接種間隔の検討／ Ebisuda et al. 暑熱環境下における運動がサラブレッドの生理学的応答へ及ぼす影響／ Mukai et al. 高強度インターバル運動がサラブレッドの生理学的応答に与える影響／ Toju et al. 喉頭形成術実施馬の回顧的調査／ Kikuchi et al. 立位鎮静局所麻酔下における喉頭形成術および声嚢声帯切除術／ Aoki et al. Ultrasound Tissue Characterization（UTC）を用いたリハビリ期

著者紹介

若原隆宏 わかはら たかひろ

1978年愛知県生まれ。東京中日スポーツ記者。東大農学部獣医学課程卒の獣医師。プロ野球中日ドラゴンズの担当を経て、2010年から栗東で中央競馬を担当。現在は美浦担当。中日新聞Webで「競馬は科学だ」を連載中。

Xアカウント @VetPress

東大卒獣医が教える 馬券に役立つ競馬科学

2024年6月10日初版第一刷発行

著者　若原隆宏
編集　株式会社ピーエスクリエイティブ　藤沼浩一
発行者　吉良誠二
写真　橋本健
装丁・DTP　本間達哉（東方図案）
印刷・製本　三共グラフィック株式会社
発行所　株式会社ガイドワークス
編集部　〒171-8570 東京都豊島区高田3-10-12　TEL03-6311-7956
営業部　〒171-8570 東京都豊島区高田3-10-12　TEL03-6311-7777
https://guideworks.co.jp